AF389336

L'ARCHITECTURE PRIVÉE

AU XIXᵉ SIÈCLE

L'ARCHITECTURE PRIVÉE

AU XIXe SIÈCLE

(DEUXIÈME SÉRIE)

NOUVELLES MAISONS DE PARIS ET DES ENVIRONS

PAR

M. CÉSAR DALY

ARCHITECTE DU GOUVERNEMENT

Directeur-fondateur de la *Revue générale de l'Architecture et des Travaux publics* (XXXIe année d'existence) ;
Auteur des *Motifs historiques d'Architecture et de Sculpture d'ornement*, des XVIe, XVIIe et XVIIIe siècles, 1re et 2e séries, chacune de 2 vol. in-folio (*Décorations extérieures et intérieures*) ;
De l'*Architecture privée au XIXe siècle* (*Nouvelles Maisons de Paris et des Environs*), 1re et 2e séries, chacune de 3 vol. in-folio ;
Des *Théâtres de la place du Châtelet* (Paris), en collaboration, 1 vol. in-folio, et
De l'*Architecture funéraire contemporaine*, 1 vol. in-folio.

MEMBRE ÉTRANGER DE L'ACADÉMIE ROYALE DES BEAUX-ARTS DE STOCKHOLM, MEMBRE HONORAIRE ET CORRESPONDANT
DE L'INSTITUT ROYAL DES ARCHITECTES BRITANNIQUES, MEMBRE ASSOCIÉ HONORAIRE DE L'ACADÉMIE IMPÉRIALE DE SAINT-PÉTERSBOURG,
MEMBRE ASSOCIÉ DE L'ACADÉMIE ROYALE DES BEAUX-ARTS DE BELGIQUE,
MEMBRE DE L'ACADÉMIE ROYALE DES BEAUX-ARTS DES PAYS-BAS, MEMBRE HONORAIRE DE L'INSTITUT AMÉRICAIN DES ARCHITECTES,
MEMBRE HONORAIRE DE LA SOCIÉTÉ POUR LA PROPAGATION DE L'ARCHITECTURE D'AMSTERDAM,
MEMBRE ASSOCIÉ CORRESPONDANT DE L'ASSOCIATION DES ARCHITECTES CIVILS PORTUGAIS, A LISBONNE,
MEMBRE CORRESPONDANT DE L'ACADÉMIE DES BEAUX-ARTS DE FLORENCE,
MEMBRE DE LA SOCIÉTÉ DE GÉOGRAPHIE DE PARIS, ETC., ETC.

Premières Médailles pour ses publications, aux Expositions universelles de 1855 (Paris) et de 1862 (Londres),
et Médaille d'argent à l'Exposition universelle de 1867 (Paris).

SECOND VOLUME

VILLAS — CHALETS — JARDINS

ET LEURS DÉPENDANCES DIVERSES

PARIS

DUCHER ET CIE, ÉDITEURS

LIBRAIRIE GÉNÉRALE DE L'ARCHITECTURE ET DES TRAVAUX PUBLICS

6, RUE SORBONNE, 6

1872

ARCHITECTURE PRIVÉE

(DEUXIÈME SÉRIE)

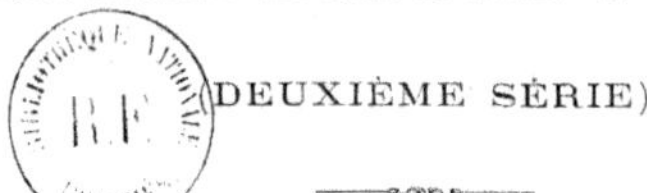

VOLUME II   SECTION Ire

Villas ou Châteaux et Chalets construits en pierre, en brique, en bois ou en matériaux mélangés. Constructions en bois de grume.

(TRENTE ET UNE PLANCHES.)

Plan

Échelle du Plan, 0ᵐ 005 pᵉ mètre.

VILLA

à Blanquefort (Gironde)

PAR Mᵉ H. DUPHOT, ARCHᵗᵉ

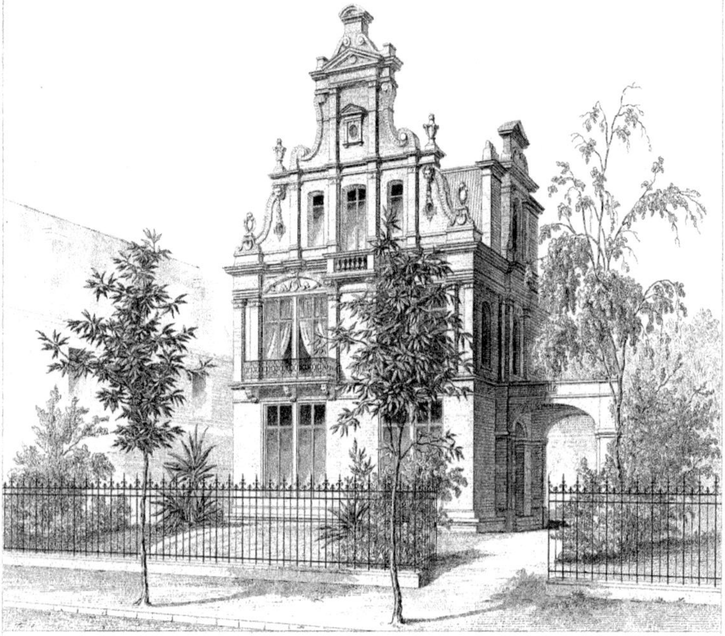

Amortissements lateraux
du 1er Etage

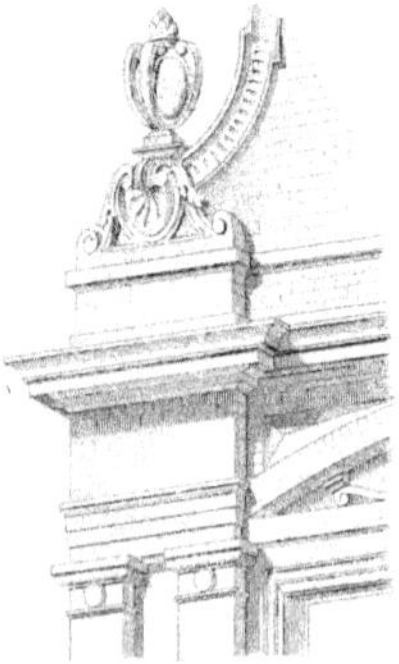

Balcon
du 1er Etage.

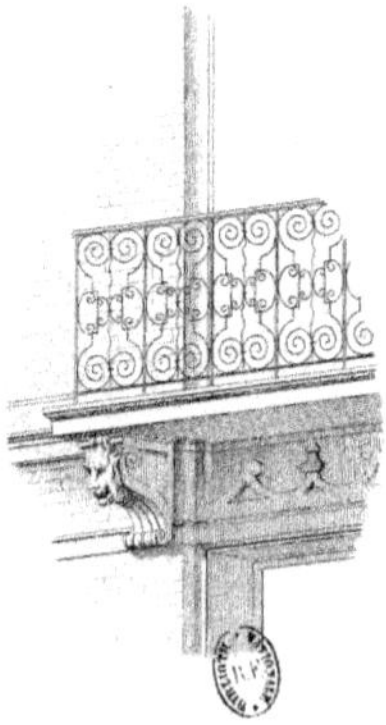

Lebel sc.

VILLA

Boulevard Maillot N° 34, à Paris.

Avenue du Roule, N° 53 bis, à Neuilly
PAR MR J. ROLLAND, ARCH^{TE}

Rue de la Mairie, N° 76, à Neuilly.
PAR M^R EM. BLOCH, ARCH^{TE}

VILLAS
Environs de Paris

Avenue de l'Impératrice, N° 35.

PAR M^r LECŒUR, ARCH^{te}

Avenue de l'Impératrice, N° 43.

PAR Mr SALMON, ARCH^{te}

VILLAS

Paris et ses Environs

Boulevard Eugène, Nº 38, à Neuilly

PAR Mr SABINE, ARCHᵗᵉ

Boulevard de Madrid, Nº 11, à Neuilly.

PAR Mr

VILLAS

Avenue Raphael, N° 2

PAR Mˣ

Boulevard Maillot, N° 32

par Mᴿ MILLTHAL, Archᵗᵉ

VILLAS

Paris et ses Environs

Boulevart Eugène Nº 51 à Neuilly

PAR Mʳ ACH. HUE, ARCHᵗᵉ

Avenue Ingres, Nº 6, à Passy

PAR Mʳ ALLOUARD, ARCHᵗᵉ

VILLAS
Environs de Paris

Avenue Raphael, N° 20.
(Paris)

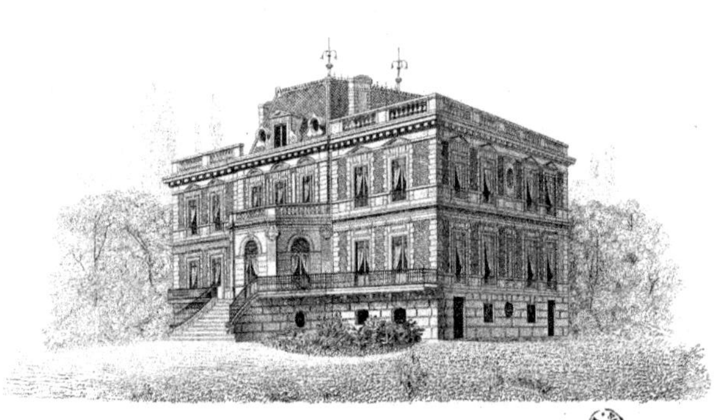

à Verrières-le-Buisson (Seine-et-Oise)

PAR MR BREVET, ARCH^{TE}

VILLAS

Paris et ses Environs

à Neuilly (près Paris)

à Passy (Paris)

VILLAS
Paris et ses Environs

CHALET

à la Construction type à l'Exposition universelle de 1867

par Mʳ [illegible], Architecte à Paris

Coupe
sur l'Axe

Niches des bustes

Consoles des bustes

Angle A.

Angle B.

Coupe

Détails

Croisée du 1ᵉʳ Étage et Pignon.

CHÂLET
de la Cour(?) maison impᵉˡ (Exposition universelle de 1867)
par Mʳ HARDY, constructeur à Paris

CHALET

de la Commission Impériale (Exposition universelle de 1867)

PAR Mᴿ HARET, CONSTRUCTEUR A PARIS

Imp. A. Salmon, r. Vieille-Estrapade 15, Paris.

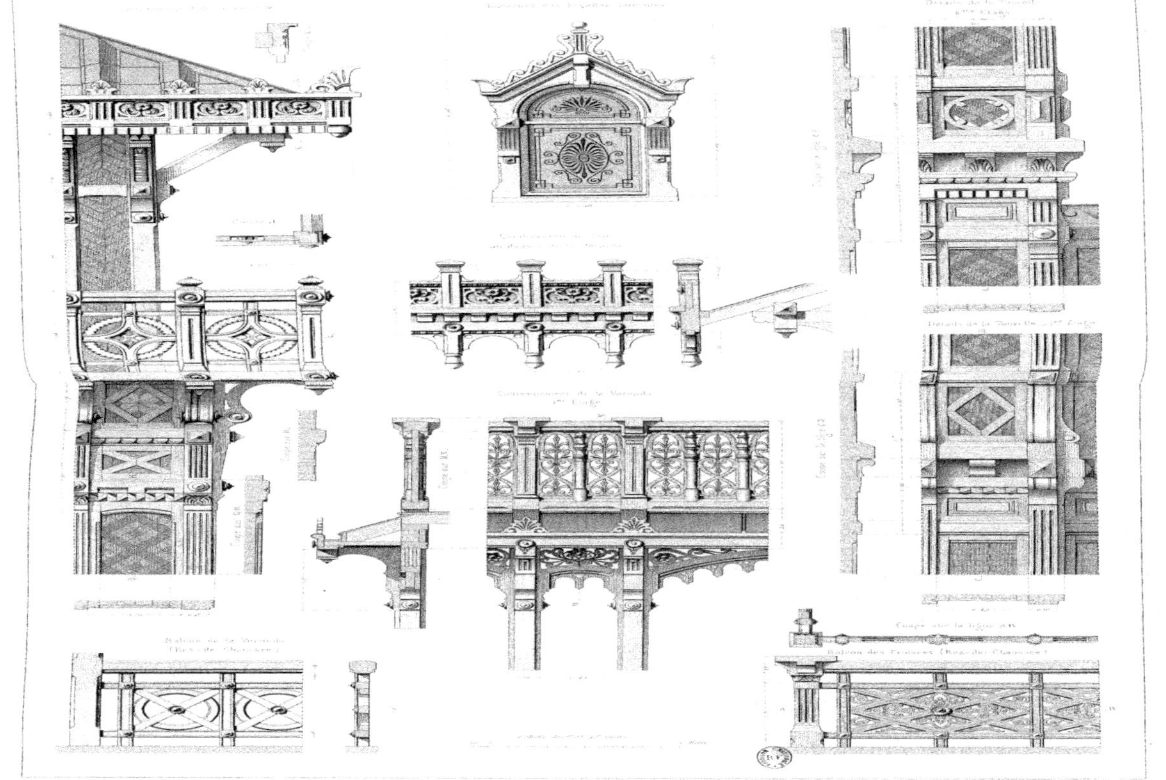

CHALET

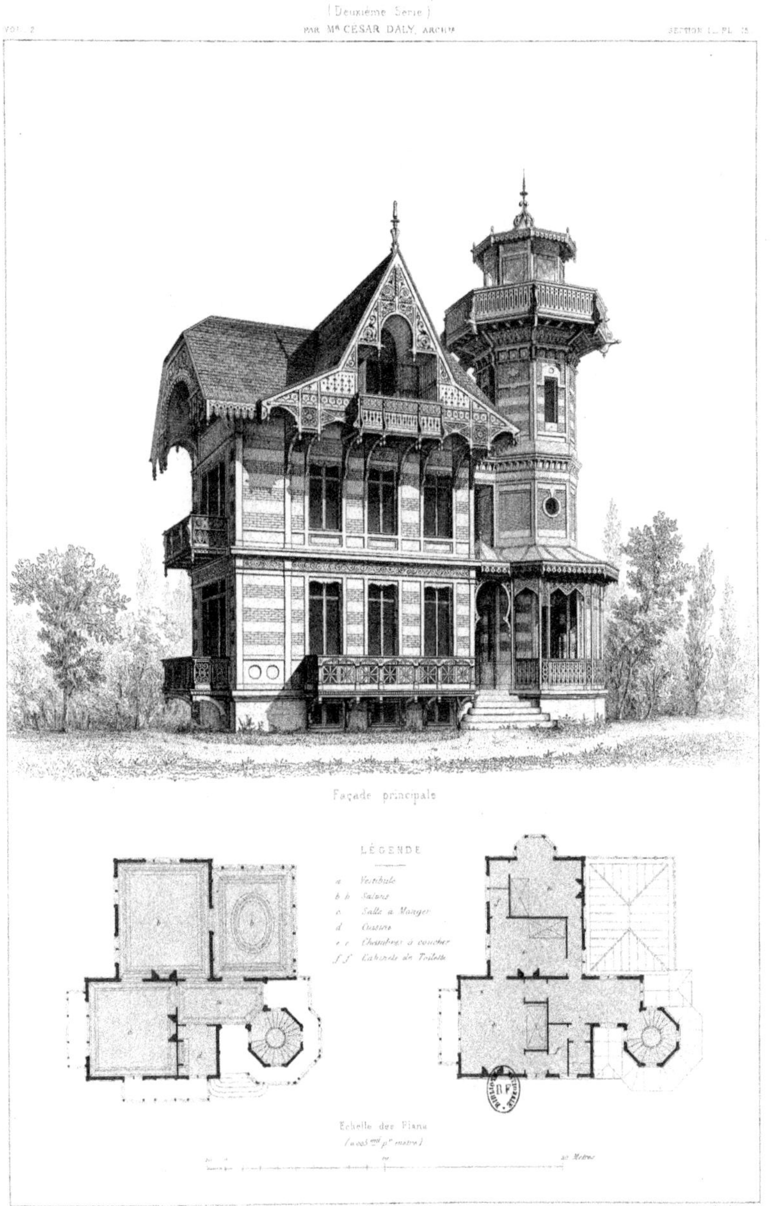

Façade principale

LÉGENDE

a Vestibule
b b Salons
c Salle à Manger
d Cuisine
e e Chambres à coucher
f f Cabinets de Toilette

Echelle des Plans
(0,005.mm p.r mètre)

CHÂLET
Construit au Champ de Mars (Exposition universelle de 1867)
PAR M.R WAASER, CONSTRUCTEUR A PARIS

Élévation postérieure

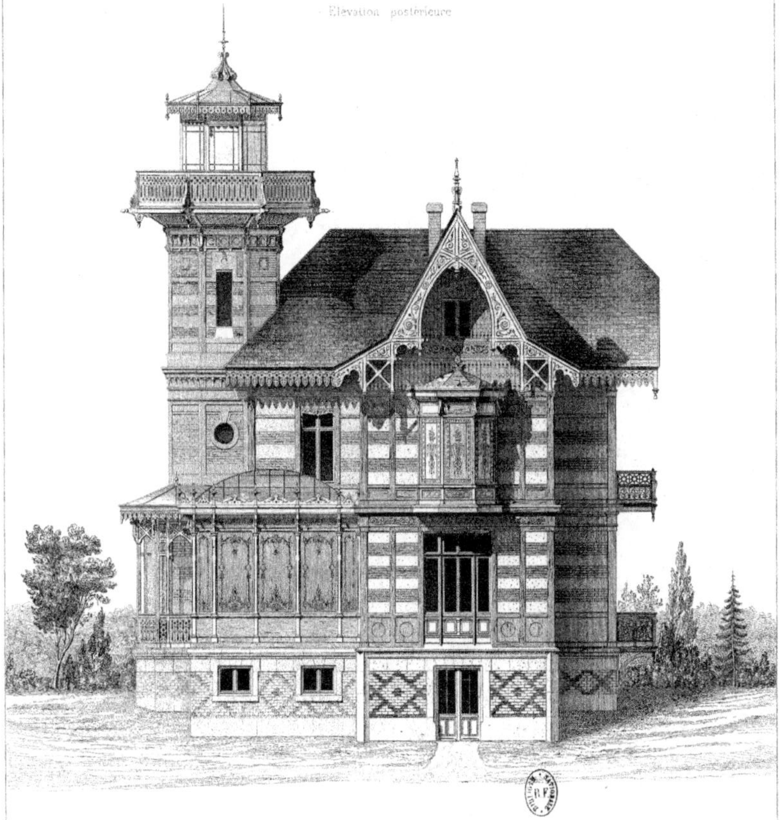

Partie du Plan
à la hautr du Rez-de-Chaussée

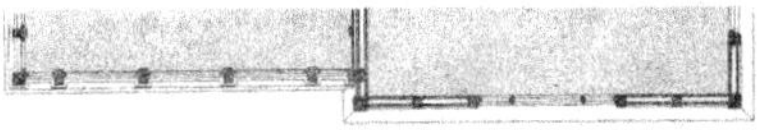

Echelle de 0,025 pr mètre.

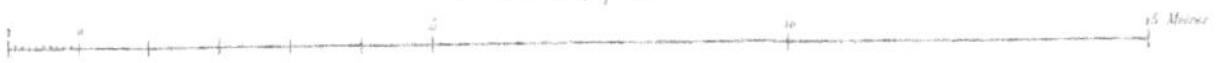

Lebel sc.

CHALET

Construit au Champ de Mars (Exposition universelle de 1867)
par Mr WAASER, constructeur à Paris.

Imp. A. Salmon, r. Vieille Estrapade, 15, Paris.

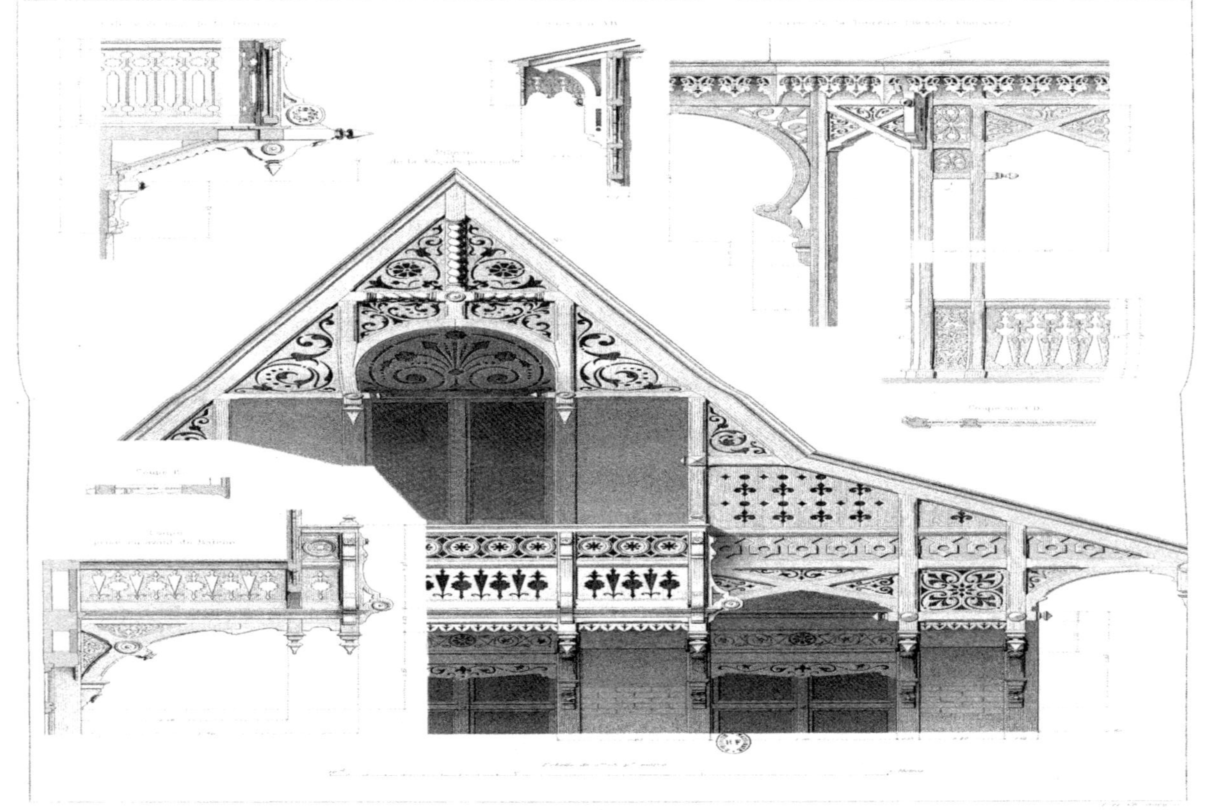

L'ARCHITECTURE PRIVÉE AU XIXᵐᵉ SIÈCLE
CHALET

L'ARCHITECTURE PRIVÉE AU XIXME SIÈCLE

(Deuxième Série)

PAR Mr CÉSAR DALY, ARCHte

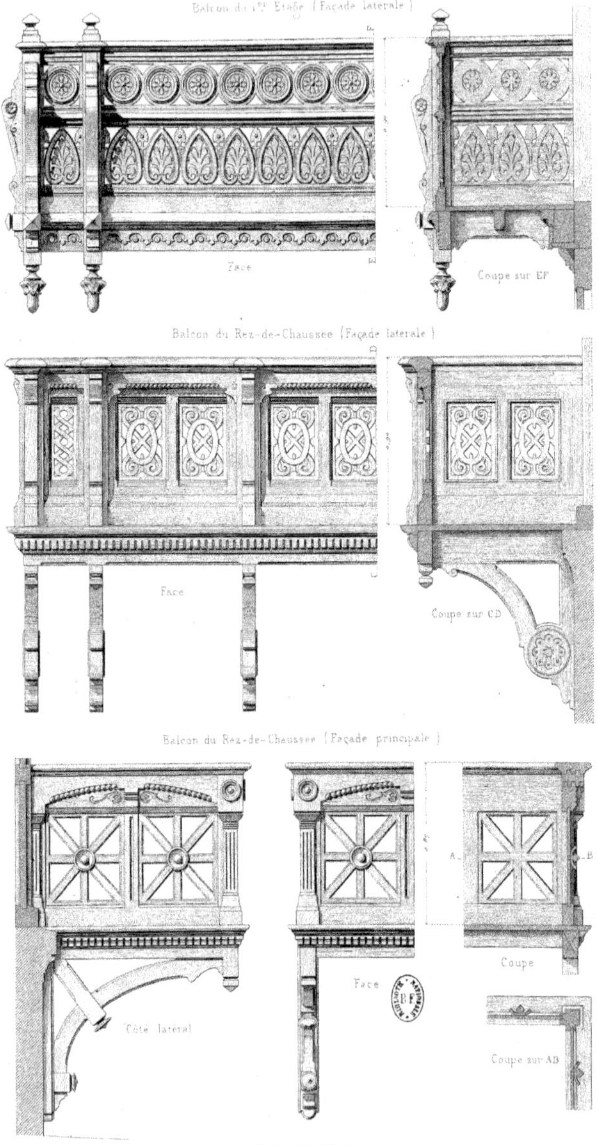

Balcon du 1er Étage (Façade laterale)
Face
Coupe sur EF
Balcon du Rez-de-Chaussée (Façade laterale)
Face
Coupe sur CD
Balcon du Rez-de-Chaussée (Façade principale)
Côté latéral
Face
A
B
Coupe
Coupe sur AB

Echelle de 0m 05 p. mètre

Sulpis sc.

CHÂLET

Construit au Champ de Mars (Exposition universelle de 1867)

PAR Mr WAASER, CONSTRUCTEUR A PARIS

CHALET
Construit au Champ de Mars (Exposition universelle de 1867)
PAR Mᴿ WAASSE, CONSTRUCTEUR, A PARIS.

Imp. Laurent _ 6, S Jacques 56, Paris.

Coupe sur AB.

Projection du Plafond.

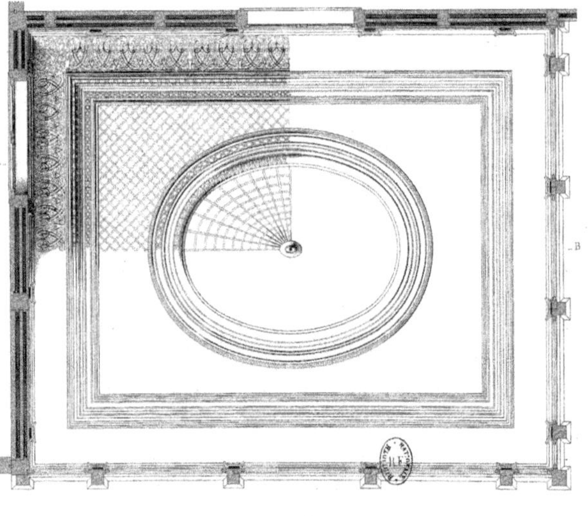

Echelle de 0,018 m^l pour mètre

Boisseau sc.

CHALET

Construit au Champ de Mars (Exposition universelle de 1867)
PAR MR WAASER, CONSTRUCTEUR, A PARIS.

Imp. Lemercier, r. de Lempade, 38. Paris.

Rez-de-Chaussée.

1er Étage.

a   Vestibule
b   Salon
c   Salle à Manger
d   Fumoir
e   Cabinet de travail
f   Cuisine
g g   Chambres à coucher

Echelle du Plan
(0^m 001 p^r mètre)

CHÂLET
à Fécamp (Seine-inférieure)
[...] de VICTOR FRÉNET, CONSTRUCTEUR à FÉCAMP

L'ARCHITECTURE PRIVÉE AU XIXᵐᵉ SIÈCLE
(Deuxième Série)

PAR Mʳ CÉSAR DALY, ARCHᵗᵉ

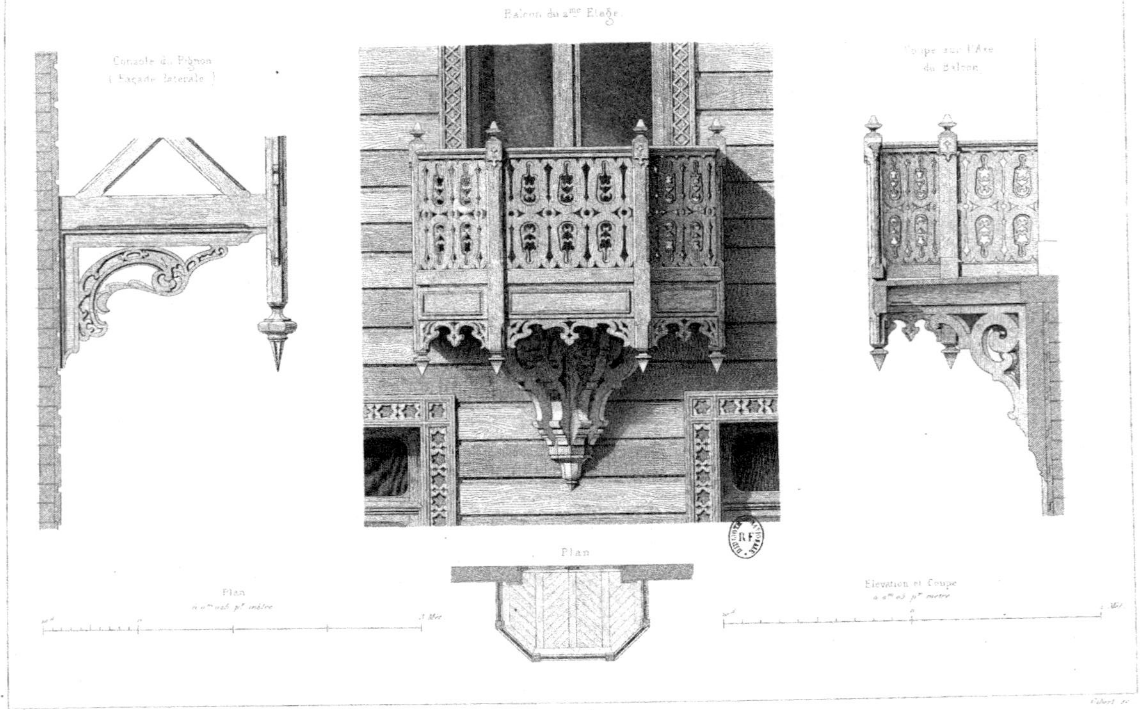

Console du Pignon
(Façade latérale)

Balcon du 2ᵐᵉ Étage

Coupe sur l'Axe
du Balcon

Plan

Plan
à 0ᵐ 05 p. mètre

Elevation et Coupe
à 0ᵐ 05 p. mètre

Vibert sc.

CHALET
à Fécamp (Seine inférieure)
par Mʳ FRÈRE, constructeur, à Fécamp

Imp. E. Lefman et famille Robiquet à Paris

24—25

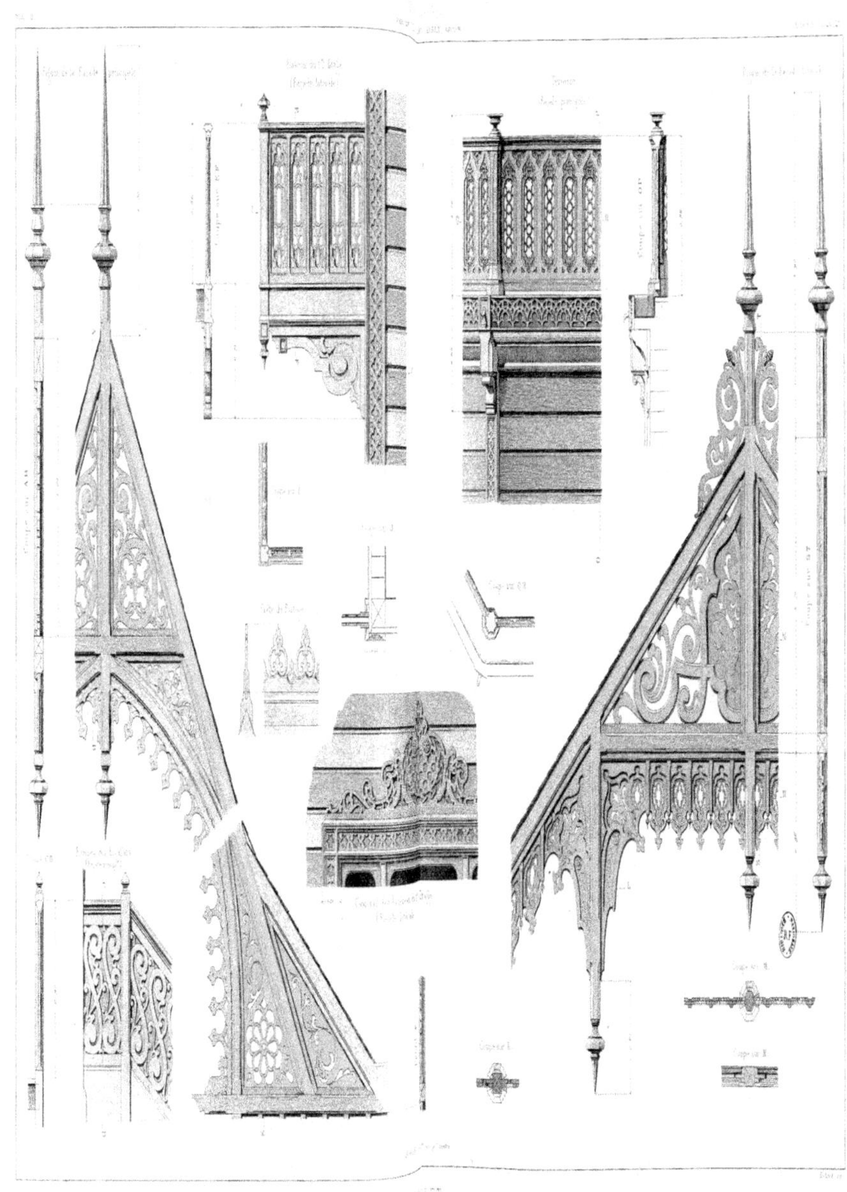
L'ARCHITECTURE PRIVÉE AU XIXme SIÈCLE

CHÂLET
à Asnières (Seine)
PAR Mʳ THICOTEL ARCHᵗᵉ

Face postérieure.

Face principale

LÉGENDE

1   Vestibule
2 2   Salons
3   Salle à Manger
4   Office
5 5   Chambres à coucher
6 6   Cabinets de Toilette
7   Chambre de Domestique
8   Lingerie

Rez-de-Chaussée.   1ᵉʳ Étage.

CHÂLET
à St. Cloud (Seine)
PAR Mʳ TRICOTEL, ARCHᵗᵉ

Imp. L. Lemercier & Cⁱᵉ, r. de Seine 57, Paris.

PETITS CHÂLETS DE JARDIN
Environs de Paris
PAR Mᵐ Mˣ WAASER ET BOUGLEUX, CONSTRUCTEURS

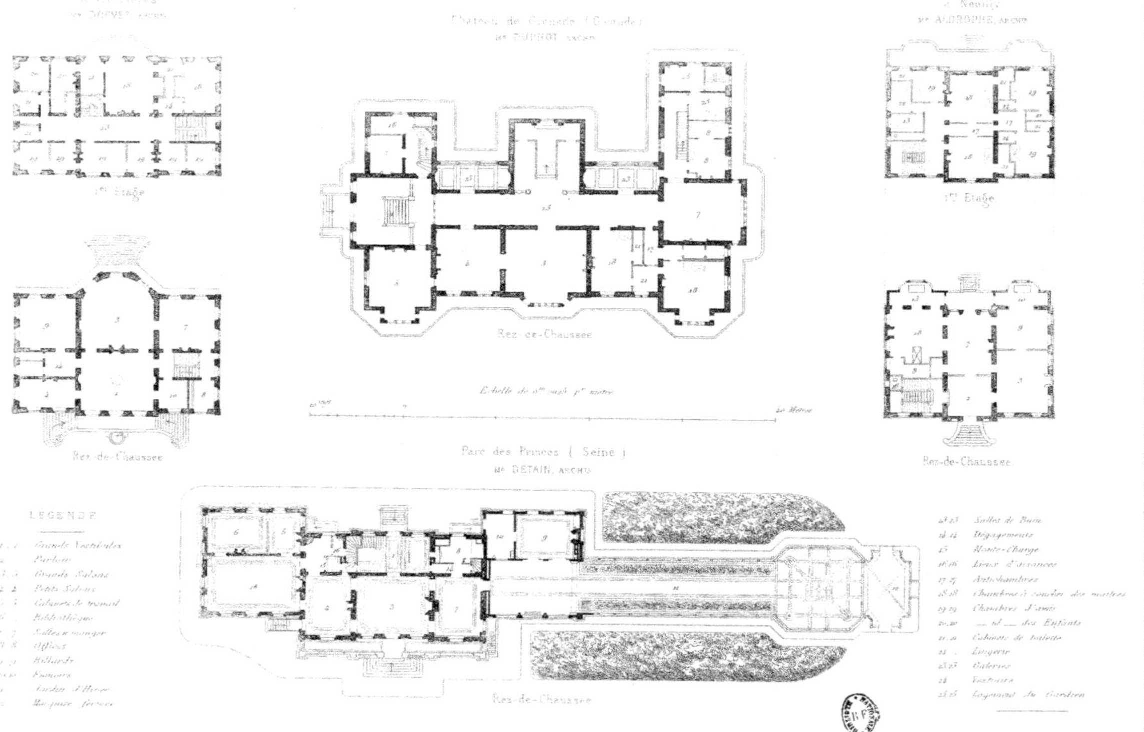

L'ARCHITECTURE PRIVÉE AU XIXme SIÈCLE
PAR Mr CÉSAR DALY, ARCHte
Château de Grenade (Gironde)
Mr DUPHOT, ARCHte
Rez-de-Chaussée
Échelle de 0m02½ p.r mètre
10 Mètres
à Neuilly
Mr AUDROPHE, ARCHte
1er Étage
Rez-de-Chaussée
1er Étage
Rez-de-Chaussée
Parc des Princes (Seine)
Mr DETAIN, ARCHte
Rez-de-Chaussée
LÉGENDE
1.1 Grands Vestibules
2   Parloir
3.3 Grands Salons
2.2 Petits Salons
5.5 Cabinet de travail
6   Bibliothèque
7.7 Salle a manger
8.8 Offices
9.9 Billards
10.10 Fumoirs
11   Jardin d'Hiver
12   Marquise fermée
13.13 Salles de Bain
14.14 Dégagements
15   Monte-Charge
16.16 Lieux d'aisances
17.17 Antichambres
18.18 Chambres à coucher des maîtres
19.19 Chambres d'amis
20.20 — id — des Enfants
21.21 Cabinets de toilette
22   Lingerie
23.23 Galeries
24   Toitures
25.25 Logement du Gardien
VILLAS
Plan et ses annexes — Parallèle de Plans

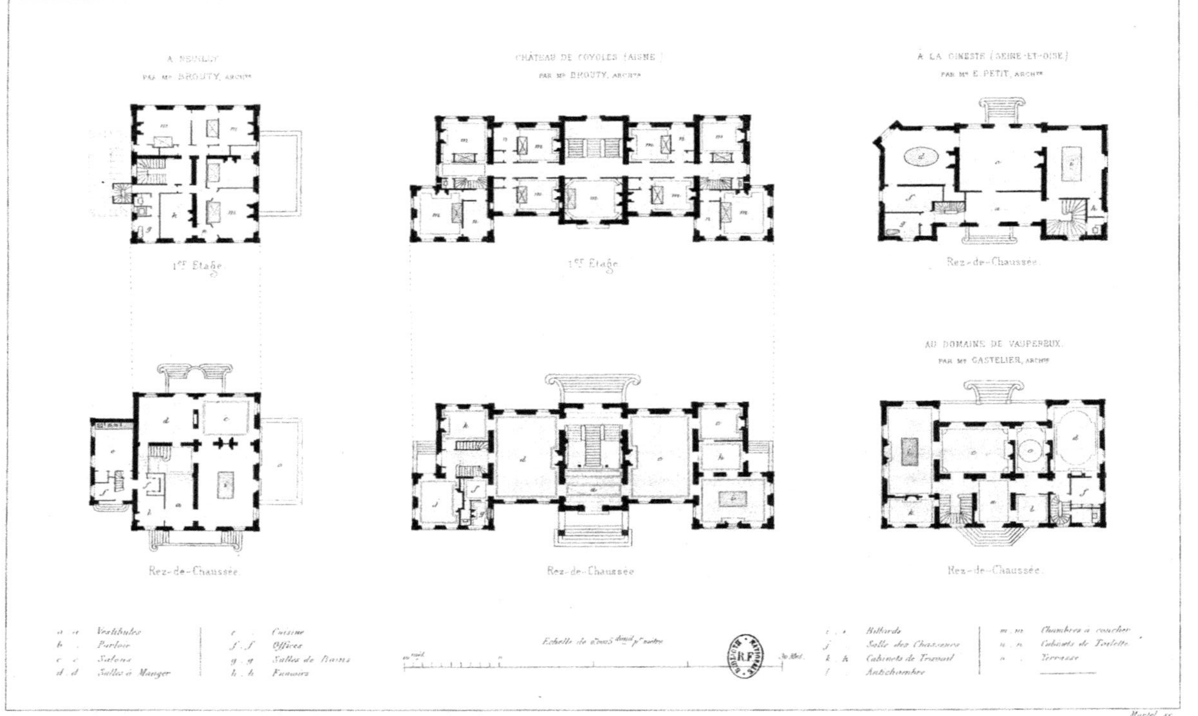

VILLAS
aux Environs de Paris ___ Parallèle de Plans

Imp. A. Salmon, r. Faille Estrapade, 6, Paris

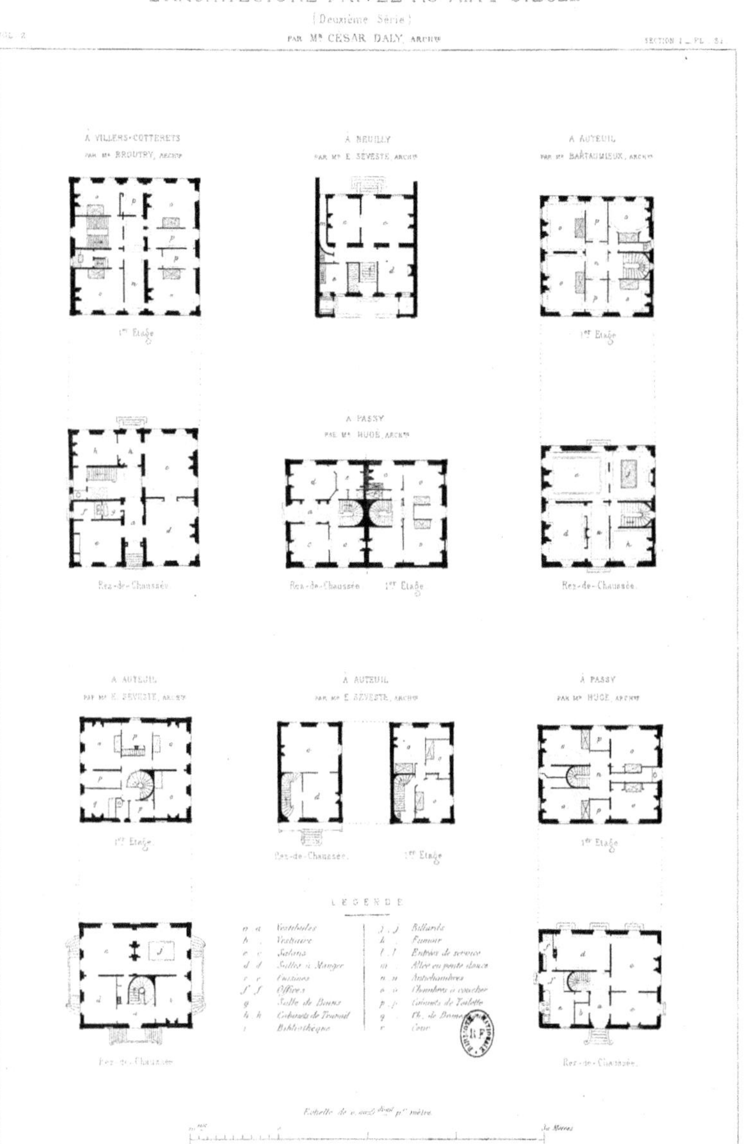

VILLAS
Environs de Paris — Banlieue de Paris

ARCHITECTURE PRIVÉE

(DEUXIÈME SÉRIE)

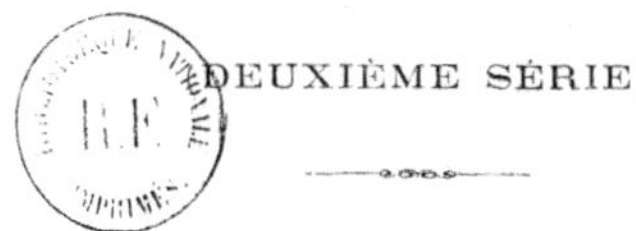

VOLUME II SECTION II

Volières, Poulaillers, Pigeonniers, Serres chaudes, Serres-salons, etc.

(TREIZE PLANCHES.)

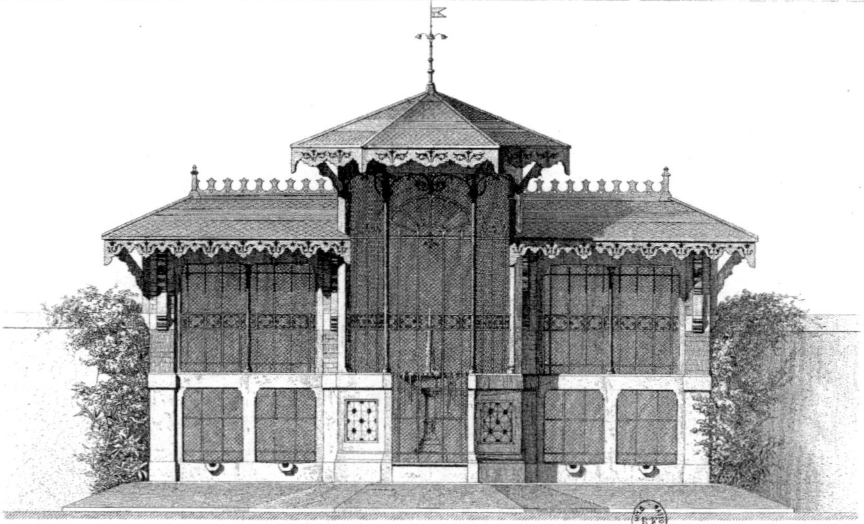

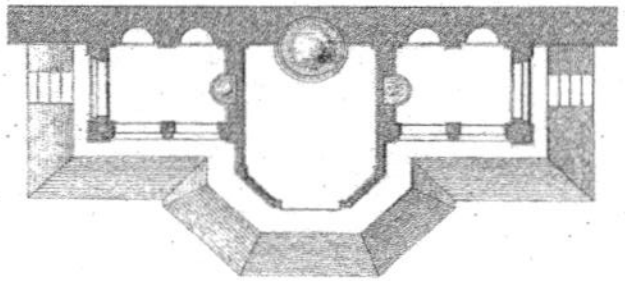
Echelle du Plan
(0,01 p^r mètre)
10^c 0 4 Mètres
Echelle de l'Élévation
(0,025 p^r mètre)
10^c 0 2 Mètres

Plan

VOLIÈRE

Villa à St Maur (près Paris)

PAR MR MANGUIN, ARCH^TE

J. de Guerres sc.
Imp. Lemercier et Cie Paris.

POULAILLER ET PIGEONNIER
(Château de Méthenne (Seine-et-Oise))
Mʳ TRONCHET, Archᵗᵉ

Imp. Lemercier et Cⁱᵉ, Paris.

Élévation

Coupe.

Plan.

Échelle de l'Élévation à 0,02ᵐⁱˡ pᵉ mètre

Échelle du Plan à 0,01ᵐⁱˡ pᵉ mètre

a Poulailler
b Basse-cour
c Dépôt d'Outils
d Latrines

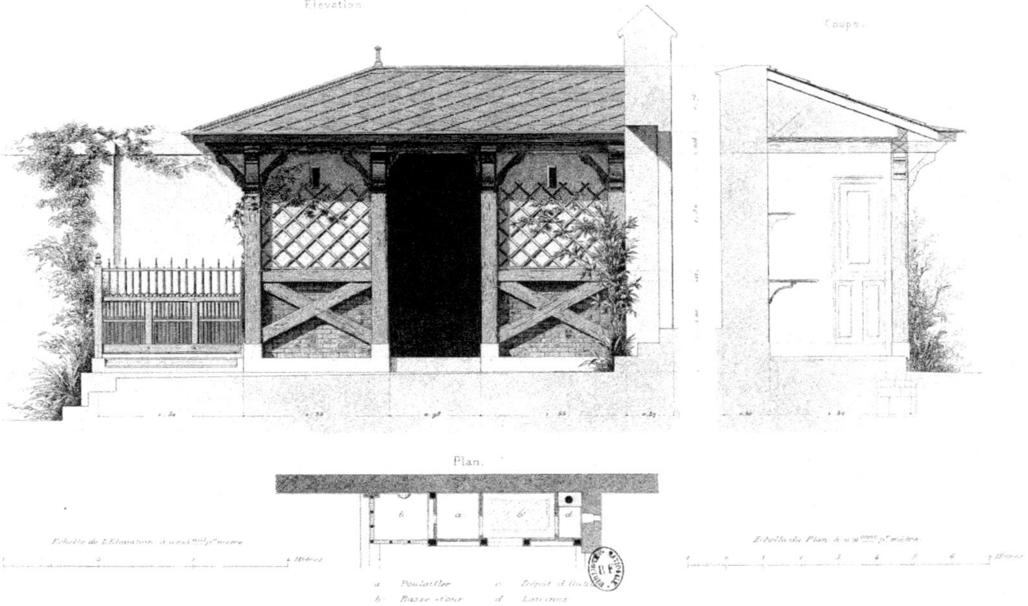

POULAILLER
Villa à Sᵗ Maur, (près Paris)
PAR Mᵣ MANGUIN, ARCHᵗᵉ

Imp. A. Salmon, Villa Brancolar, à Paris

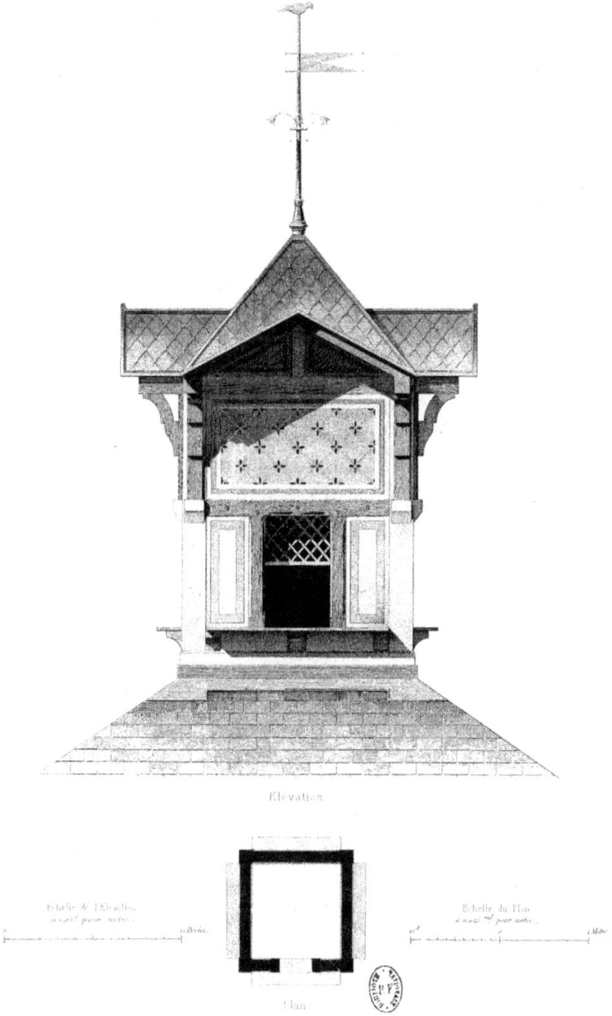
Élevation
Echelle de l'Élévation
Echelle du Plan
1 Mètre
Plan

Gilbert sc.

PIGEONNIER

Villa, à St Maur, (près Paris)

PAR Mr MANGUIN Archte

Imp. A. Salmon, r. Vieille Estrapade 15 Paris.

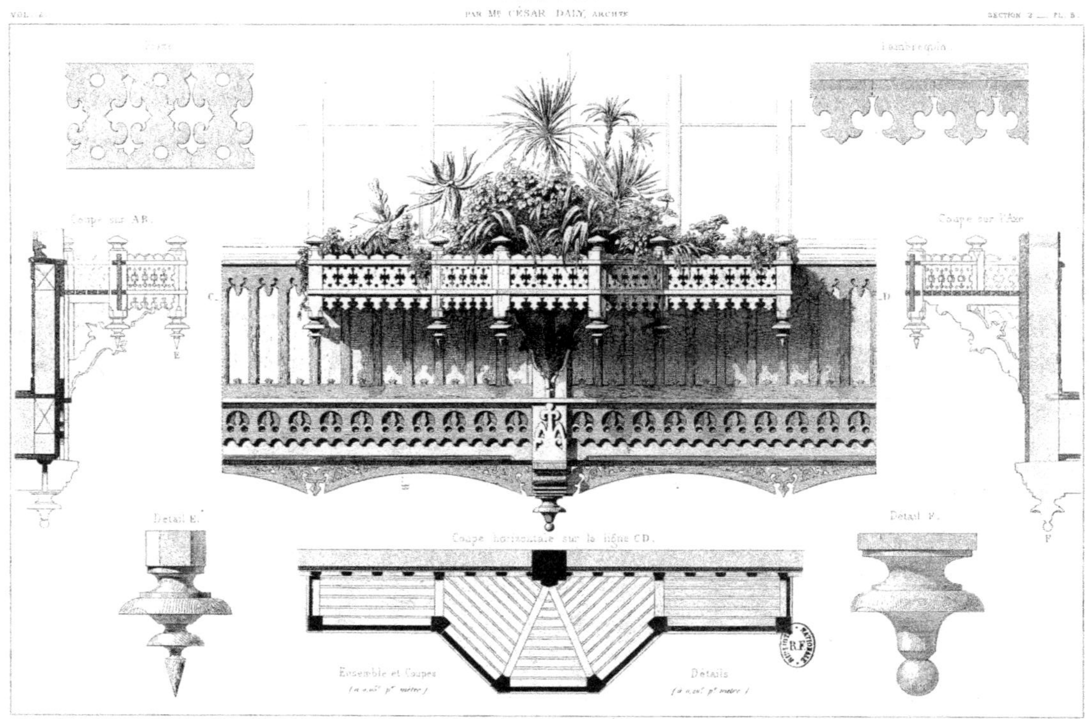

L'ARCHITECTURE PRIVÉE AU XIXme SIÈCLE
PAR Mr CÉSAR DALY, ARCHTE
VOL.
SECTION 2 PL.
Crête
Lambrequin
Coupe sur AB.
Coupe sur l'Axe
Detail E.
Detail F.
Coupe horizontale sur la ligne CD.
Ensemble et Coupes
Détails
JARDINIÈRE

JARDINIÈRE

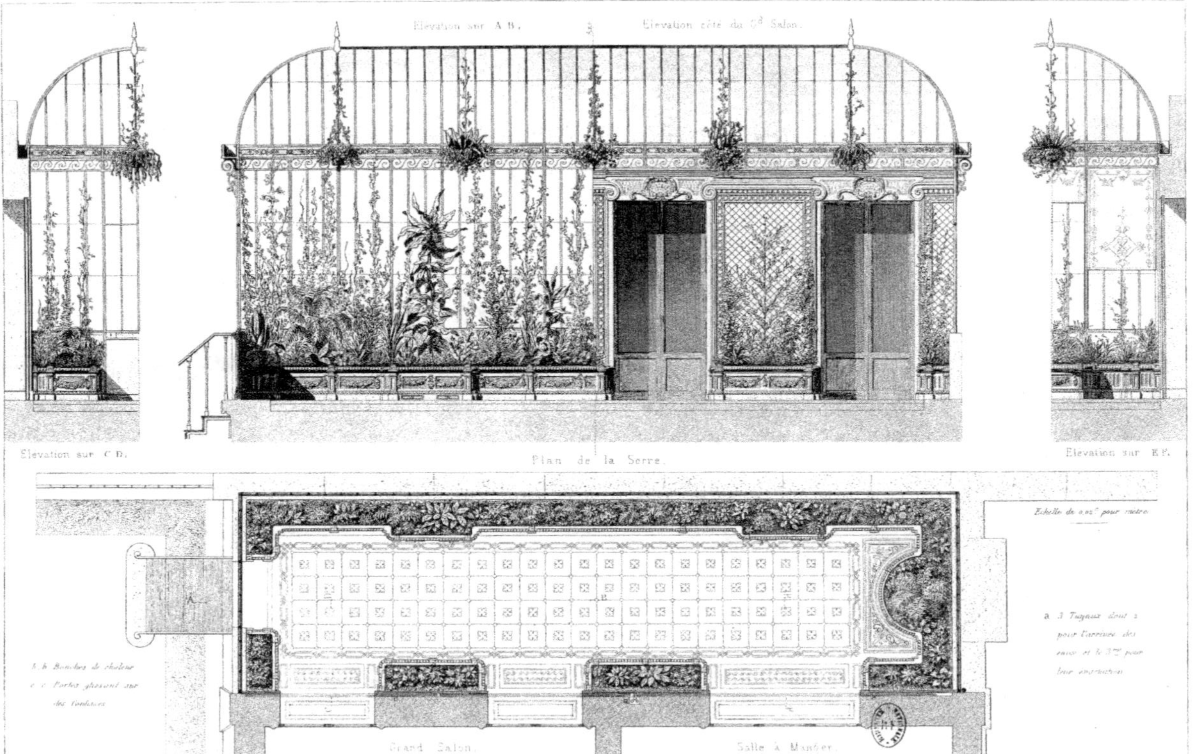

SERRE
Allée au coin de l'Avenue de l'Impératrice et de la Rue de Bellevue, à Paris.
PAR Mr PIGNY, ARCHᵗᵉ

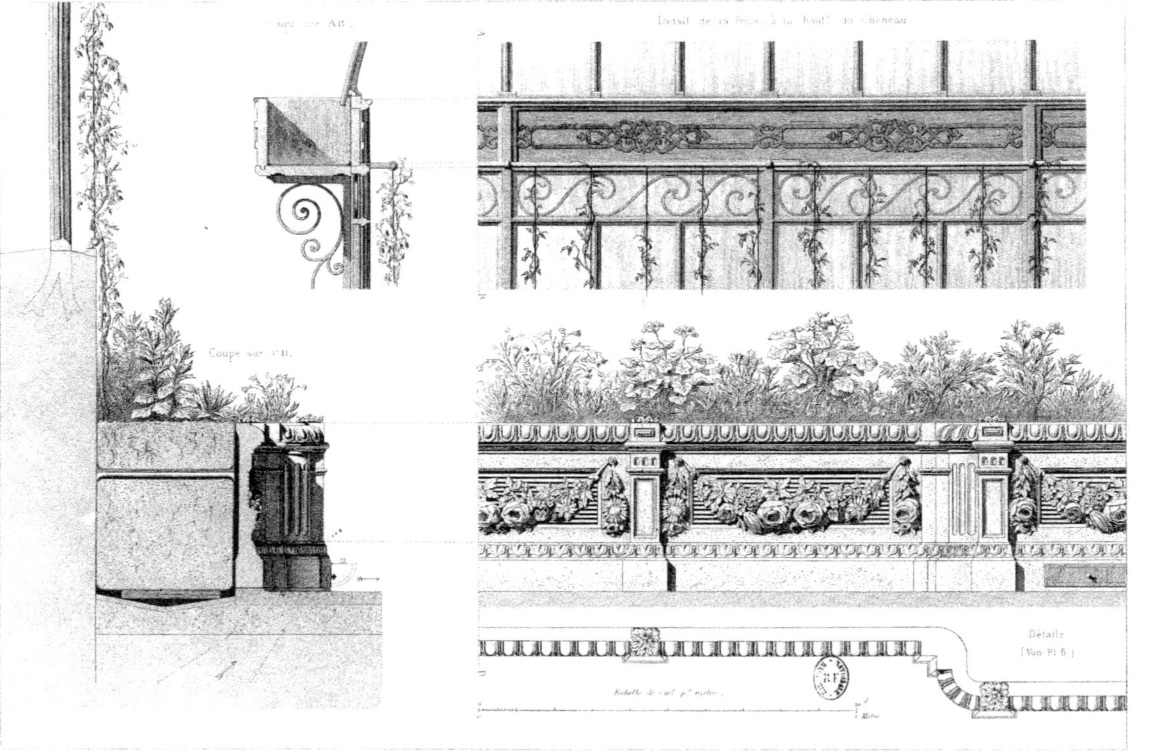

SERRE
Villa au coin de l'Avenue de l'Impératrice et de la rue de Bellevue, à Paris
PAR Mᴿ LUNY, Archᵗᵉ

Imp. Lemercier, r. de Seine 57 Paris

L'ARCHITECTURE PRIVÉE AU XIXme SIÈCLE
PAR Mr CÉSAR DALY, ARCHT
VOL 2
SECTION 2 — PL 22
Élévation latérale (côté A)
Élévation du pavillon (côté B)
Coupe sur CD.
SERRE CHAUDE

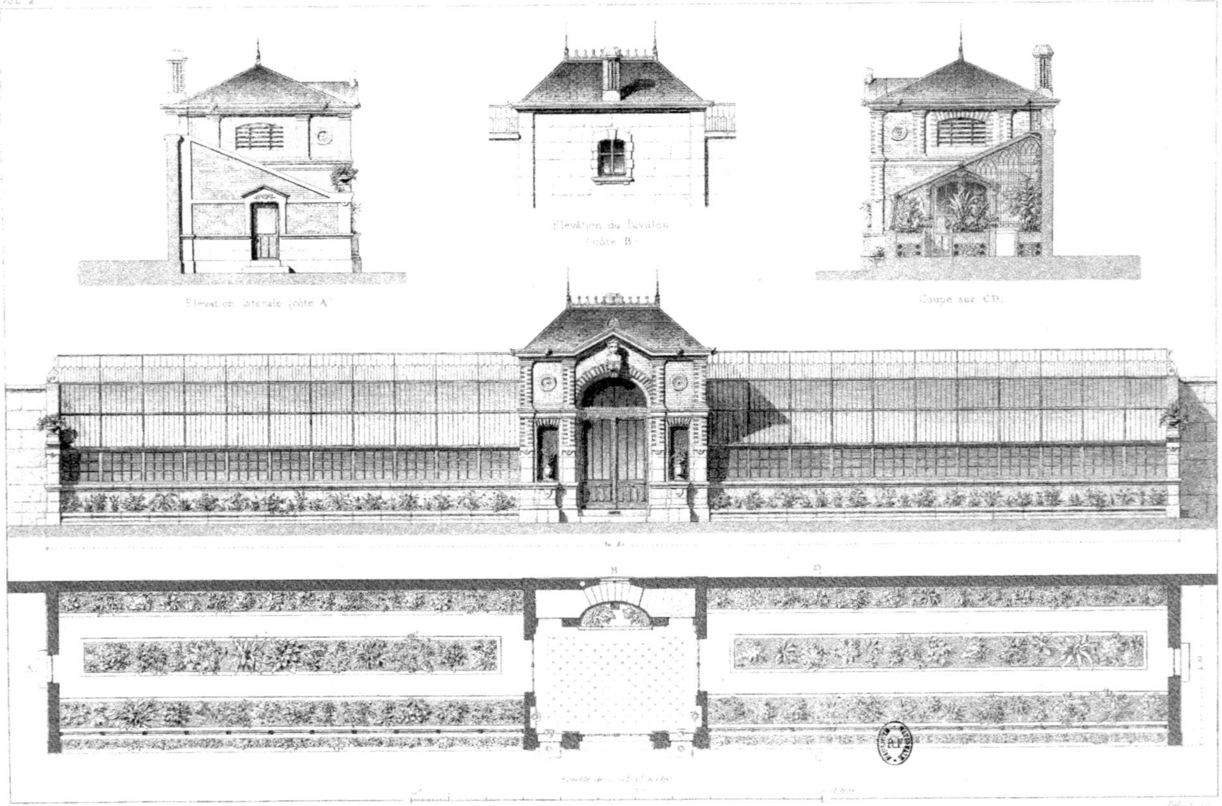

L'ARCHITECTURE PRIVÉE AU XIXme SIÈCLE
PAR Mr CÉSAR DALY, ARCHte
Coupe sur l'Axe
Profil h
Profil a b
Profil c d
Profil e
Profil f
Profil g
SERRE-CHAUDE

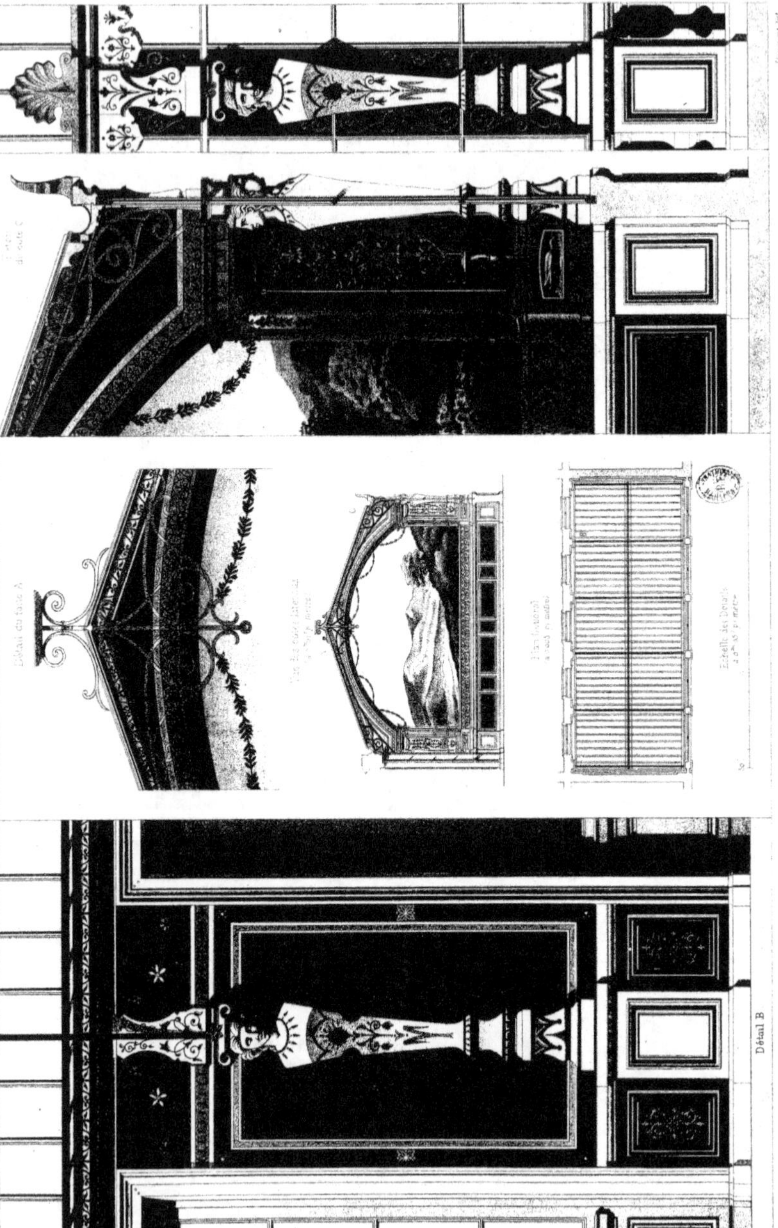

ARCHITECTURE PRIVÉE

(DEUXIÈME SÉRIE)

VOLUME II 　　　　　　　　　　　　SECTION III

Jardins, Maisons de garde, Loges de jardinier-concierge, Kiosques et Pavillons de repos, Exèdres, Embarcadères nautiques, Abris, etc., etc.

(VINGT-CINQ PLANCHES.)

L'ARCHITECTURE PRIVÉE AU XIXme SIÈCLE
PAR Mr CÉSAR DALY, ARCHte

LÉGENDE

a a   Habitations
b b   Dépendances
c c   Communs
d d   Potagers et fruitiers
e   Petit jardin fleuriste
       devant la Serre
f f   Serres
g   Chassis de couches
h h   Kiosques

i   Pavillon et Réservoir
k   Butte avec Kiosque au
       sommet
l   Petit verger
m m   Bancs
n   Tonnelle sous bois
o o   Sorties de service
p   Gymnase
q   Cascade

r   Pont rustique
s   Gué en rocaille
t   Barrage en rocaille
u   Vase et corbeille de fleurs
v v   Corbeilles de fleurs
x x   Plates-Bandes
y   Pelouse unie rase

Echelle de 0m,005 pr mètre

à Fontainebleau (Seine et Marne)

à Varennes (Yonne)

JARDINS

Ed. André del.   Gibel.

JARDIN
à St Leu-Taverny (Seine-et-Oise)
PAR Mʳ ED. ANDRÉ, ARCHᵗᵉ PAYSAGISTE

LÉGENDE

a a	Entrées principales		y	Faisanderie
b	Conciergerie		h h	Bancs avec points de vue
c c	Habitations		i i	Potagers
d	Ferme ornée		j j	Sorties de service
e	Communs		k	Terrasse et Jardin fleuriste
f f	Serres chaudes		l l	Corbeilles de fleurs

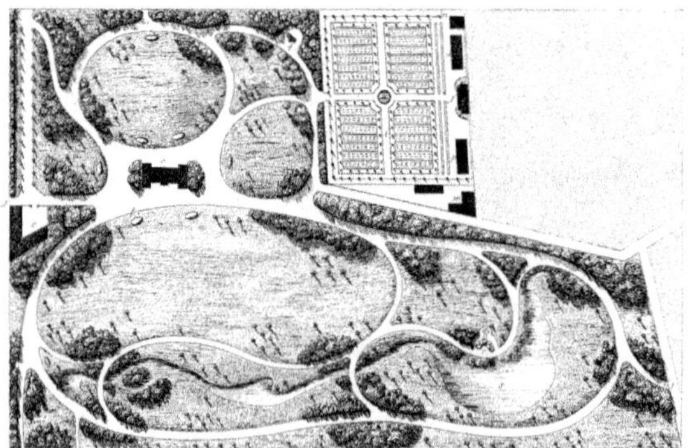

parc Irlandais (Angleterre)

m	Hangar et Bâtiment d'Exploitation		p	Serre tempérée
b	Jardinier		q	Chalet
o	Serre chaude		r	Fontaine et Cascade
			s	Bassin

Échelle de o^m,001 pour mètre

JARDINS

LÉGENDE

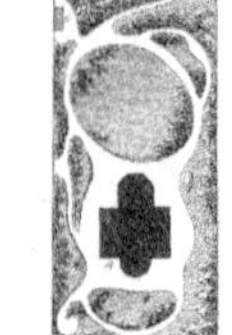

à Bourg-la-Reine (Seine)
MR DURAND, ARCH^{TE} PAYSAGISTE

à Montretout (Seine-et-Oise)   à Sèvres (Seine-et-Oise)
MR LAMBERT, ARCH^{TE} PAYSAGISTE

à Ville d'Avray (Seine-et-Oise)
MR LAMBERT, ARCH^{TE} PAYSAGISTE

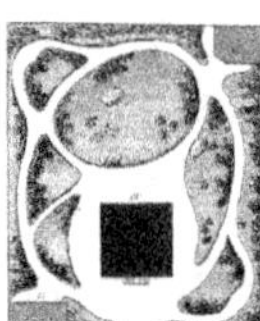
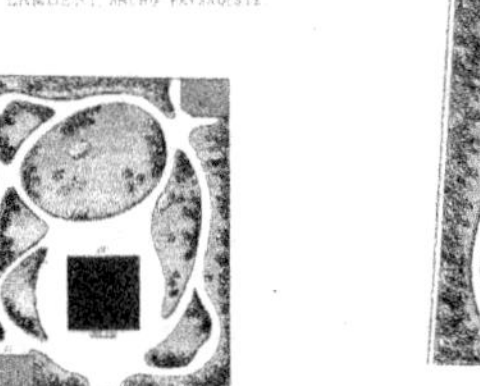
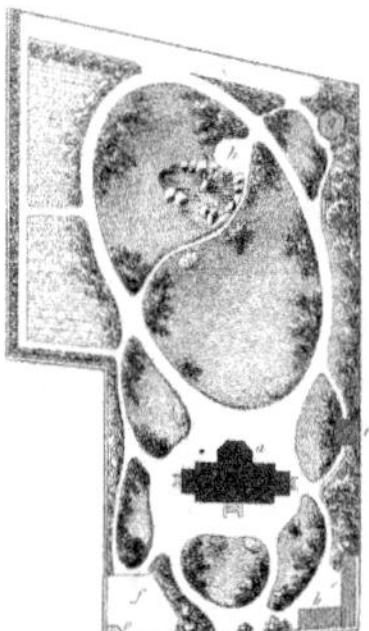

à Argenteuil (Seine-et-Oise)   à Montretout (Seine-et-Oise)   à Bois Colombes (Seine)

PAR MR LAMBERT ARCHITECTE PAYSAGISTE

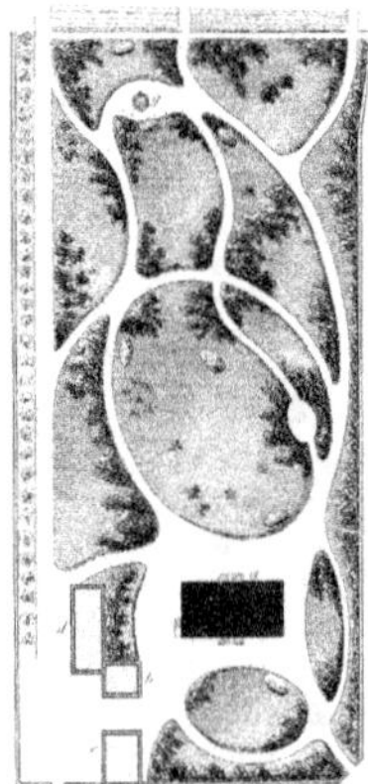
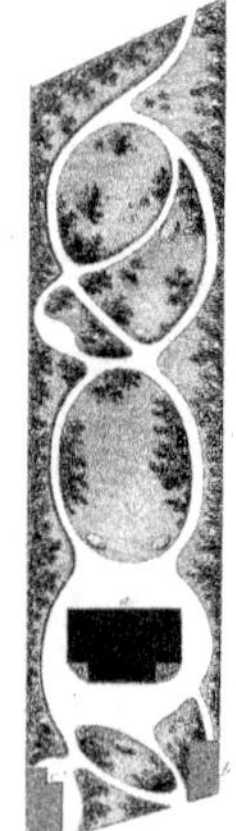
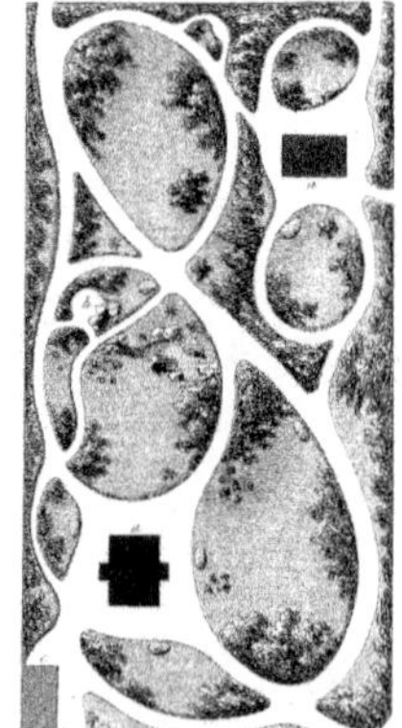

à Garches (Seine-et-Oise)   à Sèvres (Seine-et-Oise)   à Sèvres (Seine-et-Oise)

PAR MR LAMBERT, ARCHITECTE PAYSAGISTE

PARALLÈLE DE JARDINS
Environs de Paris

à Villers-Cotterets (Aisne)

Mᴿ BROUTY, ARCHᵗᵉ

à Marseille

à Asnières (Seine)

Mᴿ TRICOTEL, ARCHᵗᵉ

au Bois de Boulogne

MAISONS DE GARDE

Parallèle

L'ARCHITECTURE PRIVÉE AU XIXME SIÈCLE

(Deuxième Série)

PAR MR CÉSAR DALY, ARCHTE

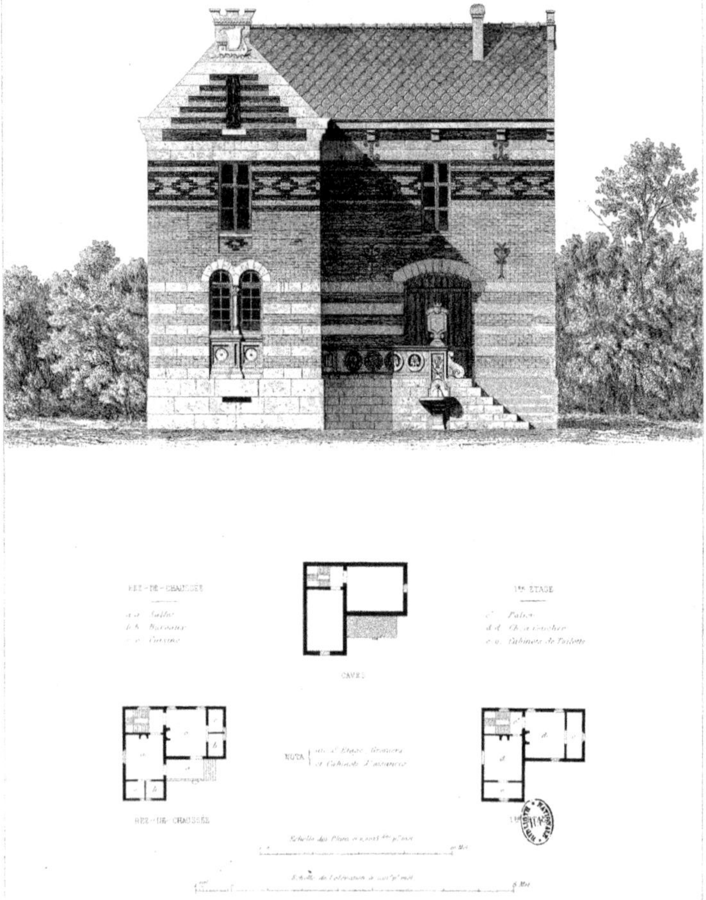

J. de Barrau sc.

MAISON DE GARDES

à Auteuil (Paris)

PAR MR TH. CHARPENTIER, ARCHTE

Imp. A. Salmon r. Vieille Estrapade 15 Paris

MAISON DE GARDE

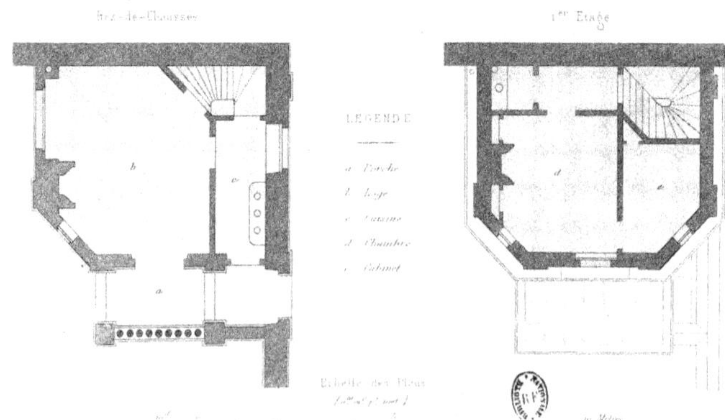

PAVILLON DE CONCIERGE

KIOSQUE

Bois de Boulogne, à Paris. — Élévation.

PAR Mr DAVIOUD, ARCHᵗᵉ

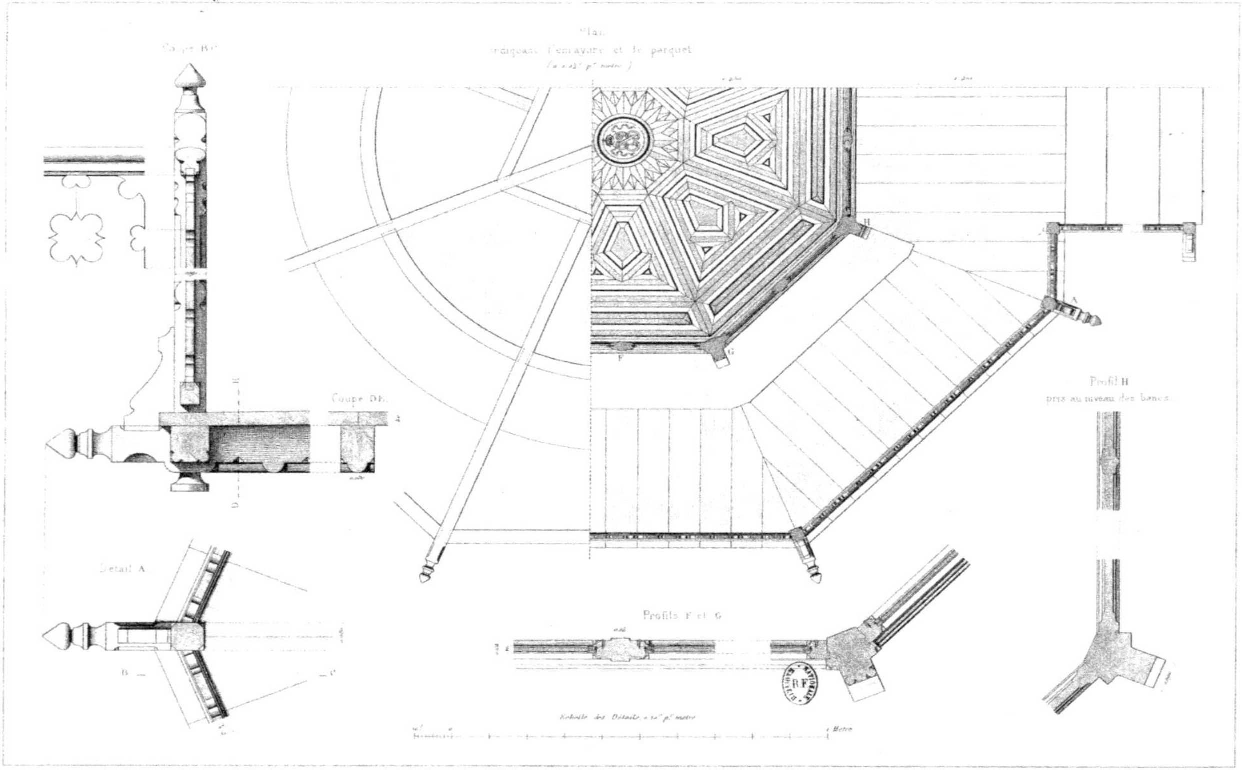

KIOSQUE

Bois de Boulogne à Paris ___ Détails

par MR DAVIOUD, ARCHTE

Imp. Lemercier & Cie, Paris

KIOSQUE

Bois de Boulogne, à Paris — Coupe

par MR DAVIOUD, Arch^{te}

KIOSQUE
Bois de Boulogne, à Paris. — Détails.
PAR Mᴿ DAVIOUD, ARCHᵀᵉ

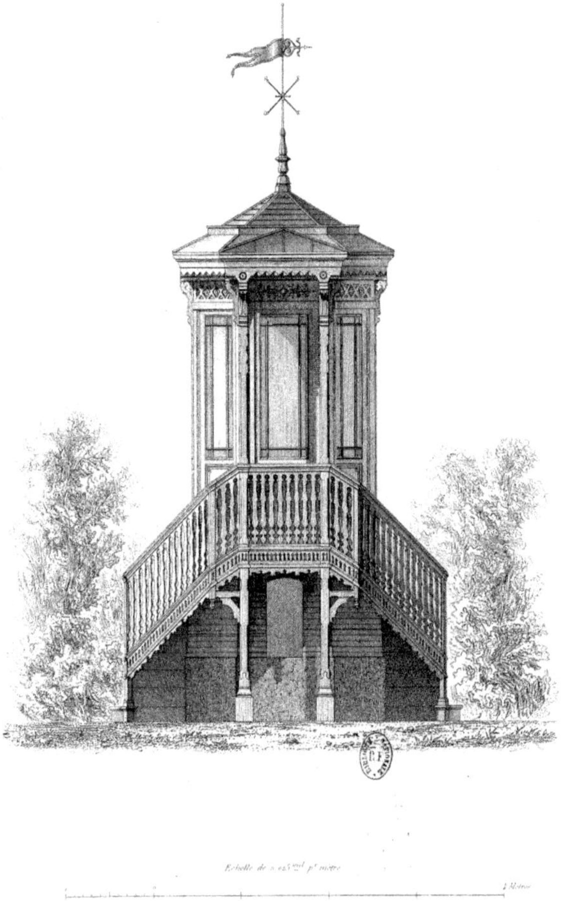
Echelle de 0,025 mill pr mètre
1 Mètre

Ch. Huey sc.

KIOSQUE
à Courbevoie... (Seine)
PAR MR EUGÈNE PETIT ARCHTE

Imp. Lemercier et Cie Paris

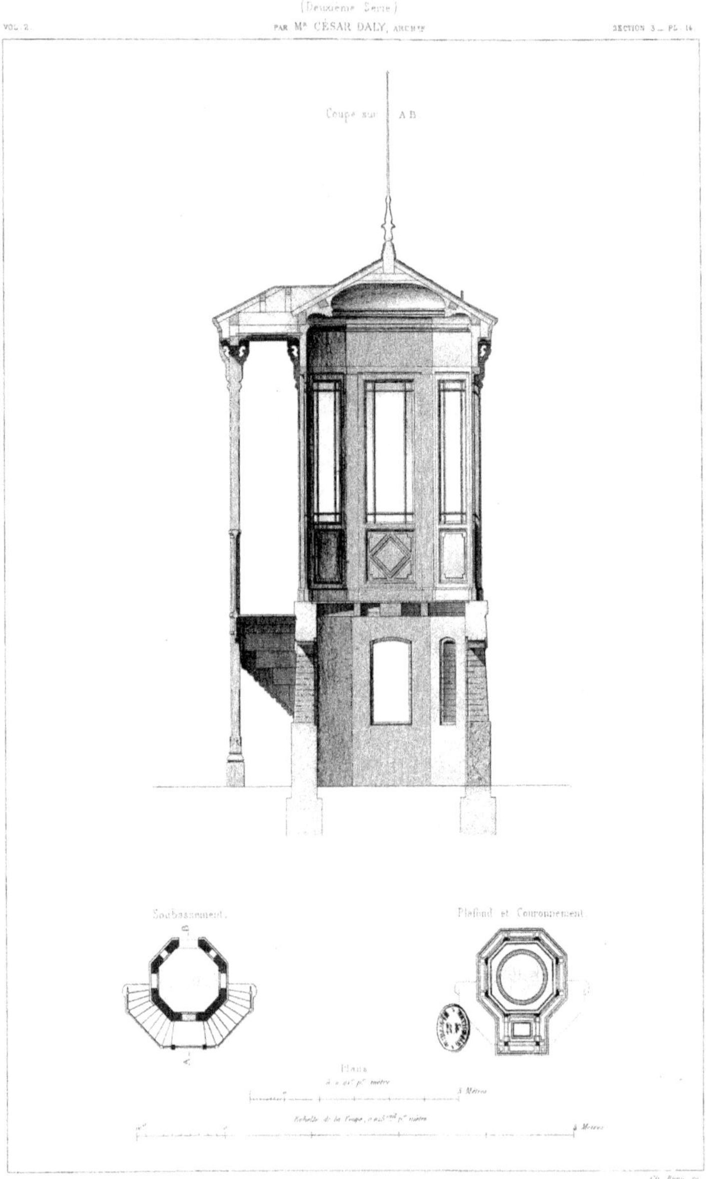

KIOSQUE
à Courbevoie (Seine)
PAR Mʳ EUGÈNE PETIT, ARCHᵗᵉ

L'ARCHITECTURE PRIVÉE AU XIXᵐᵉ SIÈCLE

(Deuxième Série)

par Mr CÉSAR DALY, Archᵗᵉ

KIOSQUE

à Courbevoie _ (Seine)

par Mr CH. BOURLIER, Archᵗᵉ

Imp. A. Salmon _ Rue N.-Dame de Paris.

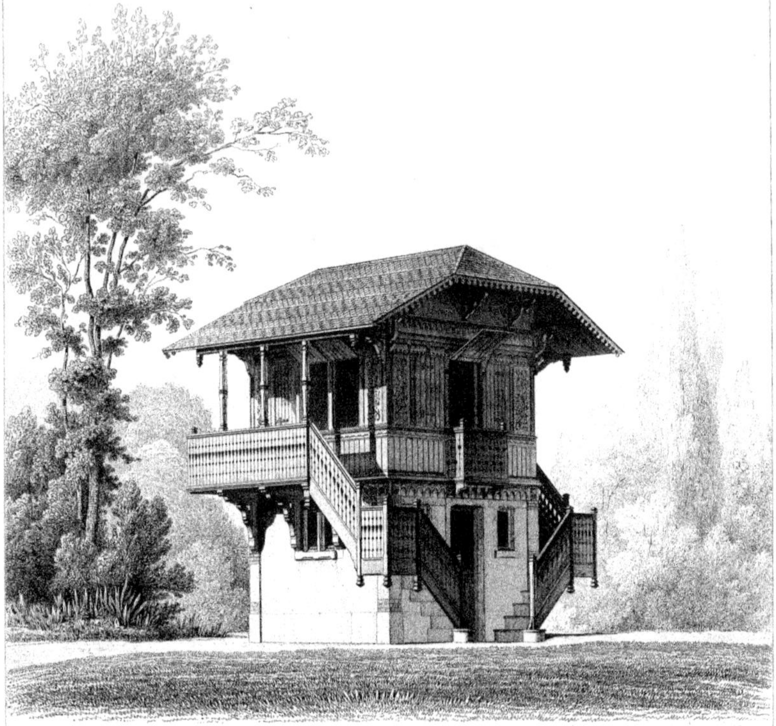

Rez-de-Chaussée

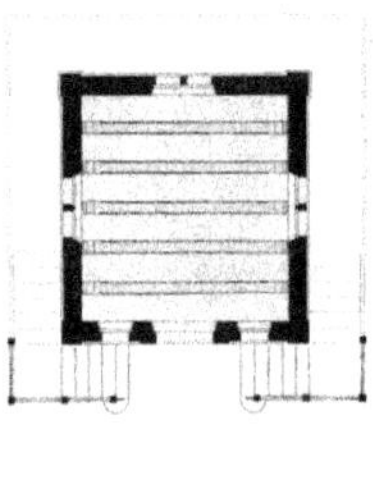

1er Etage

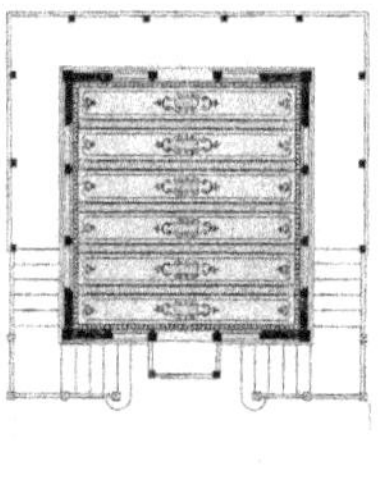

Echelle de 0m01 p. mètre

Sanderon sc.

CHÂLET

à St Maur (près Paris)

PAR Mr F. MANGUIN, ARCHte

Imp. A. Salmon, Vieille Estrapade, 15 Paris

L'ARCHITECTURE PRIVÉE AU XIXME SIÈCLE

PAR Mr CÉSAR DALY, ARCHTE

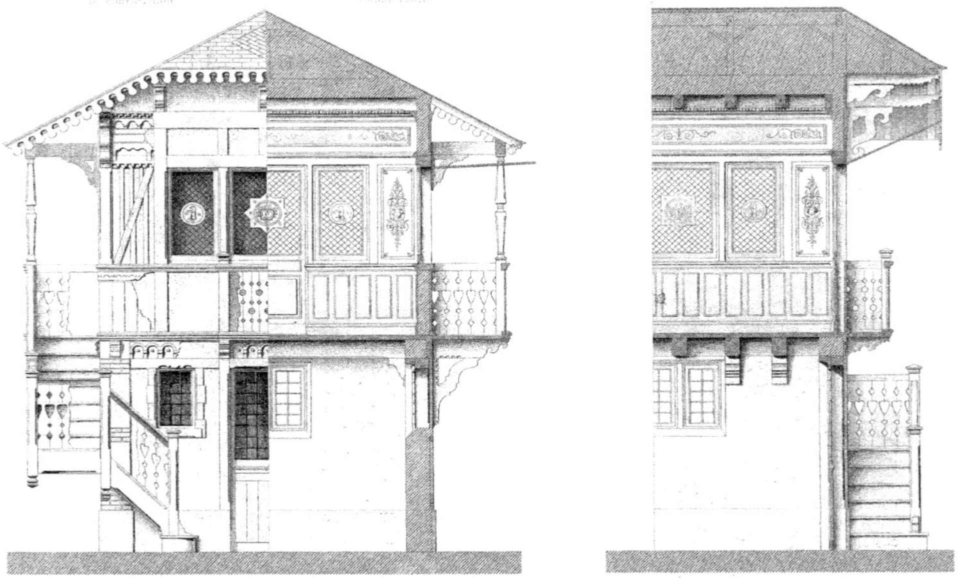

Echelle de 0m,025 p.r metre

Metres

Chappuis sc.

CHALET

à St Cloud, près Paris

Imp. Lemercier, Paris

L'ARCHITECTURE PRIVÉE AU XIXᵐᵉ SIÈCLE

(Deuxième Série)

PAR Mʳ CÉSAR DALY, ARCHᵗᵉ

Mʳ TRICOTEL, ARCHᵗᵉ

Mʳˢ Mʳˢ WAASER et BOUGLEUX
CONSTRUCTEURS

Mʳ TRICOTEL, ARCHᵗᵉ

Plan

Plan
du Rez-de-Chaussée

Plan
du 1ᵉʳ Étage

Plan

Durand sc.

PETITS PAVILLONS DE REPOS

Environs de Paris — Vues perspectives et Détails

Imp. A. Salmon, r. Vieille-Estrapade 15, Paris

à Berny (Seine)

à Neuilly (Seine)

KIOSQUES
Environs de Paris _ Vues perspectives

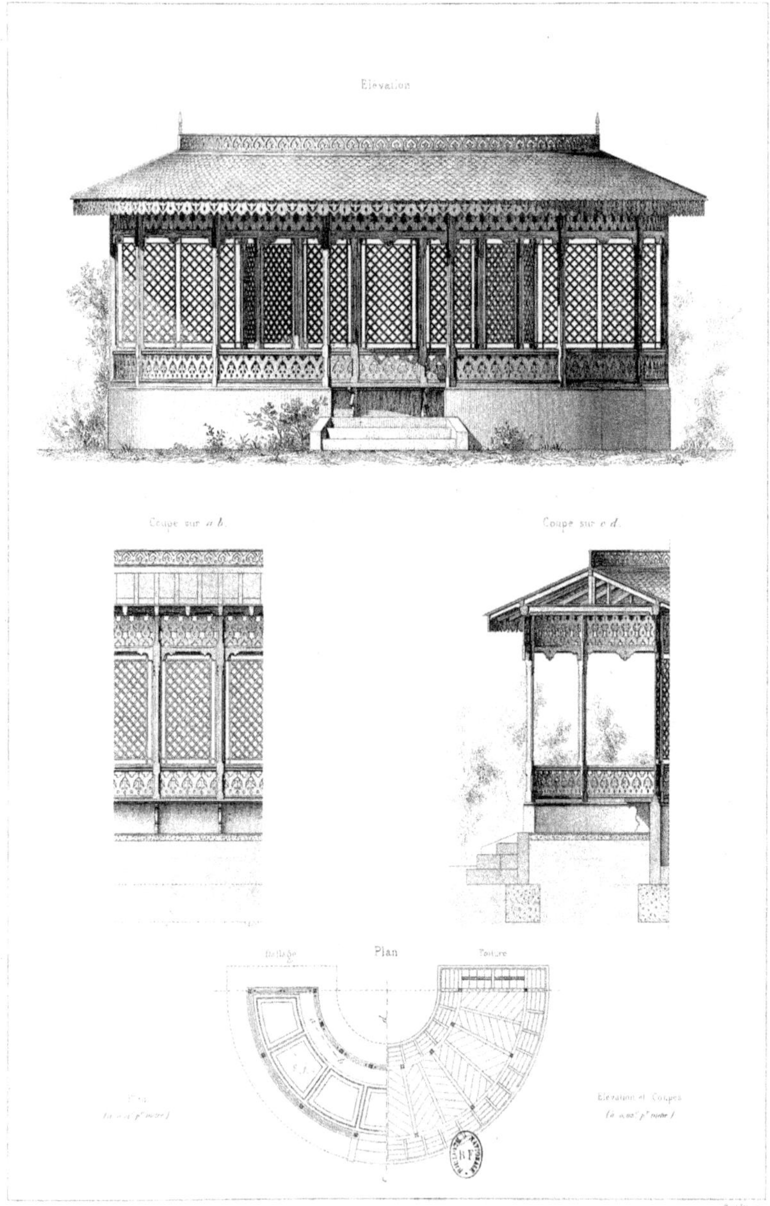

Élévation
Coupe sur a b.
Coupe sur c d.
Treillage
Plan
Toiture
Élévation et Coupes

EXEDRE

EXEDRE

Parc de Boulogne à Paris (détail)

Élévation principale.

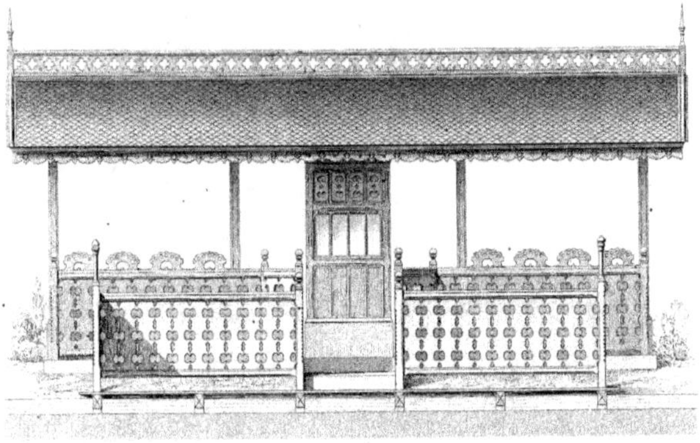

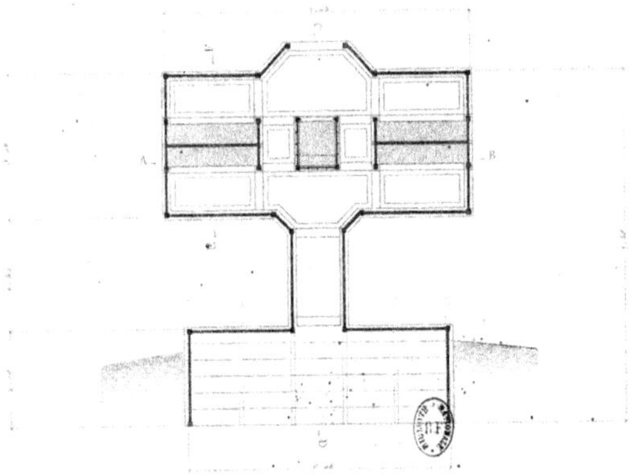

Échelle du Plan à 0,02 pour mètre. — 10 Mètres.

Élévation à 0,02 pour mètre. — 5 Mètres.

Sulp. sc.

EMBARCADÈRE

Au Lac du Bois de Boulogne, à Paris

par Mʀ DAVIOUD Archᵗᵉ

Imp. A. Salmon, r. Vieille Estrapade 15, Paris

L'ARCHITECTURE PRIVÉE AU XIXme SIÈCLE

(Deuxième Série)

PAR Mr CÉSAR DALY, ARCHte

Vol. 2

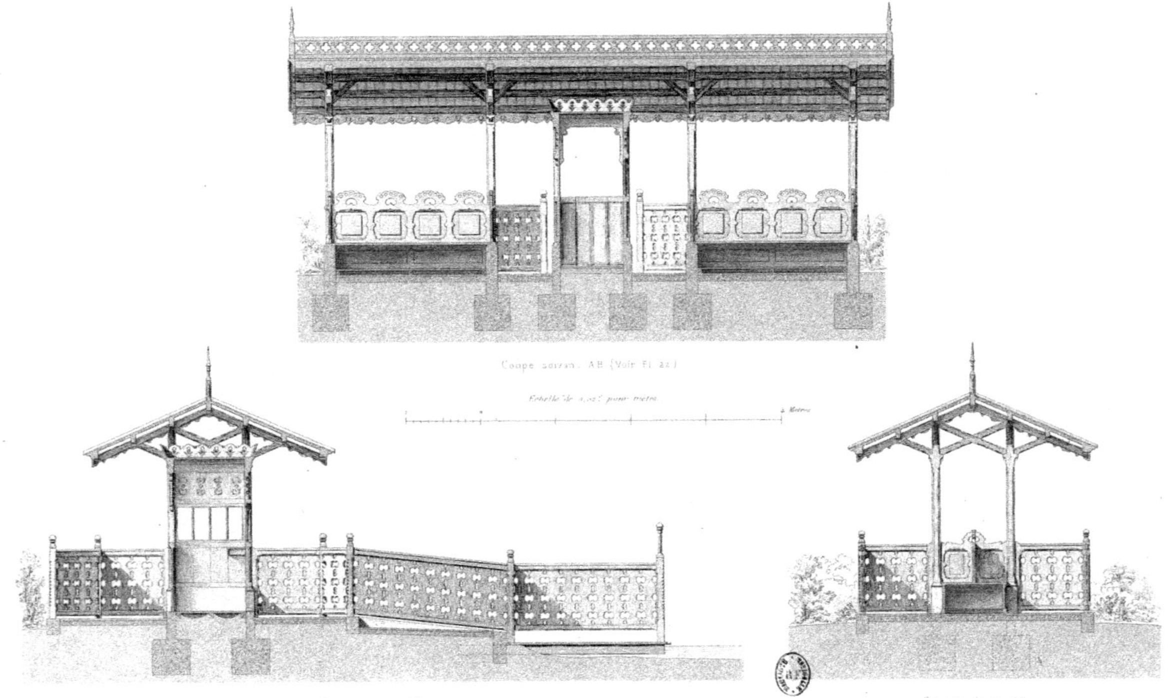

Coupe suivant AB (Voir Pl. 22)

Echelle de 0,02 pour metre

Coupe suivant CD

Coupe suivant EF

EMBARCADÈRE

Au Lac du Bois de Boulogne, à Paris

par Mr DAVIOUD, Archte

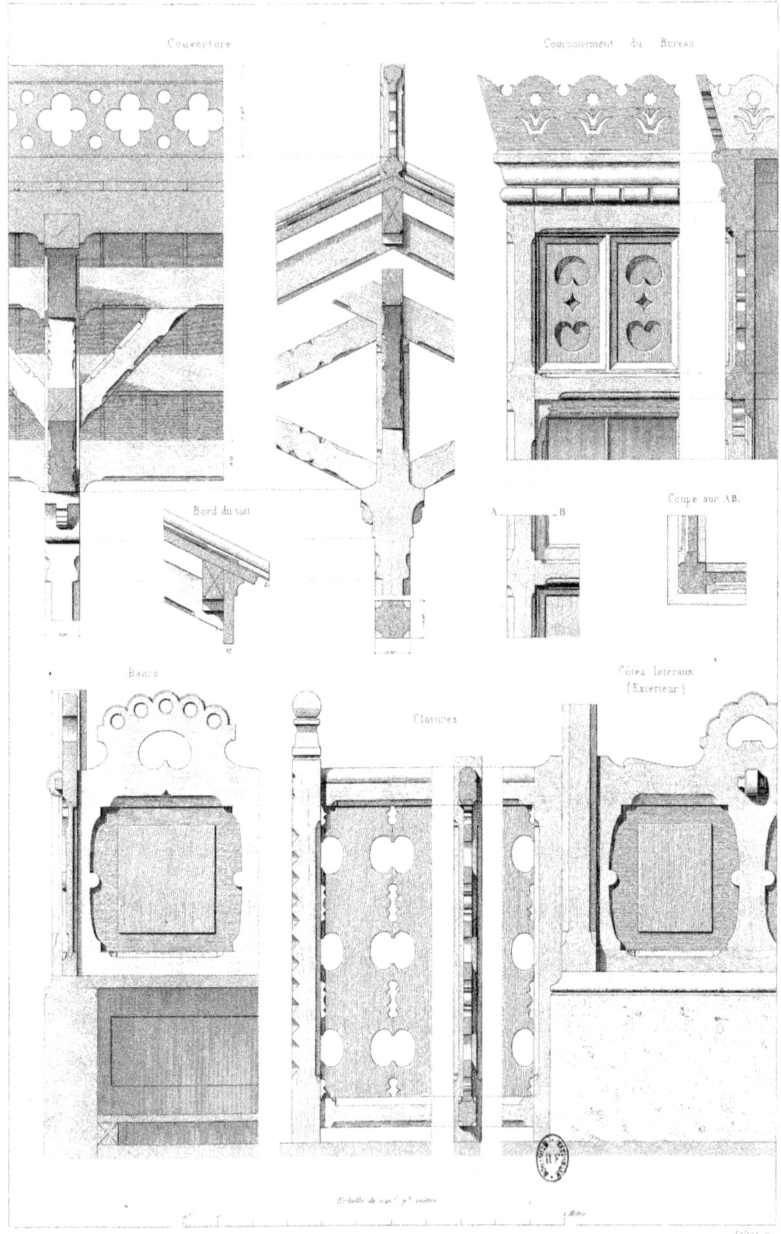

EMBARCADÈRE

au Lac du Bois de Boulogne, à Paris

PAR Mᴿ DAVIOUD, ARCHᵗᵉ

VOL. 2

SECTION 3. PL. 25

ABRIS, PONTS ET BANCS RUSTIQUES
à Asnières — (Seine)
PAR Mʳ TRICOTEL, ARCHᵗᵉ

ARCHITECTURE PRIVÉE

(DEUXIÈME SÉRIE)

VOLUME II   SECTION IV

Clôtures de parc, de jardin, etc., en maçonnerie, en fer, en bois, etc., etc.

(TREIZE PLANCHES.)

Plan

GRILLE
du Parc Monceaux, à Paris.
PAR Mr DAVIOUD, ARCHte

2-3

L'ARCHITECTURE PRIVÉE AU XIXᵐᵉ SIÈCLE
PAR Mr CÉSAR DALY, ARCHᵀᵉ
Détail de la Porte principale.
Coupe sur l'Axe.
GRILLE

Portes secondaires

Coupe sur l'Axe

Petites Portes

Profil A.

Coupe sur l'Axe

GRILLE

Porte Dauphine.
Plan
GRILLE
du Bois de Boulogne (Seine).
par Mʳ DAVIOUD archᵗᵉ

GRILLES
des Squares de Paris.
par Mʳ DAVIOUD archᵗᵉ

GRILLES
des Squares de Paris
par M.R DAVIOUD, arch.te

GRILLE

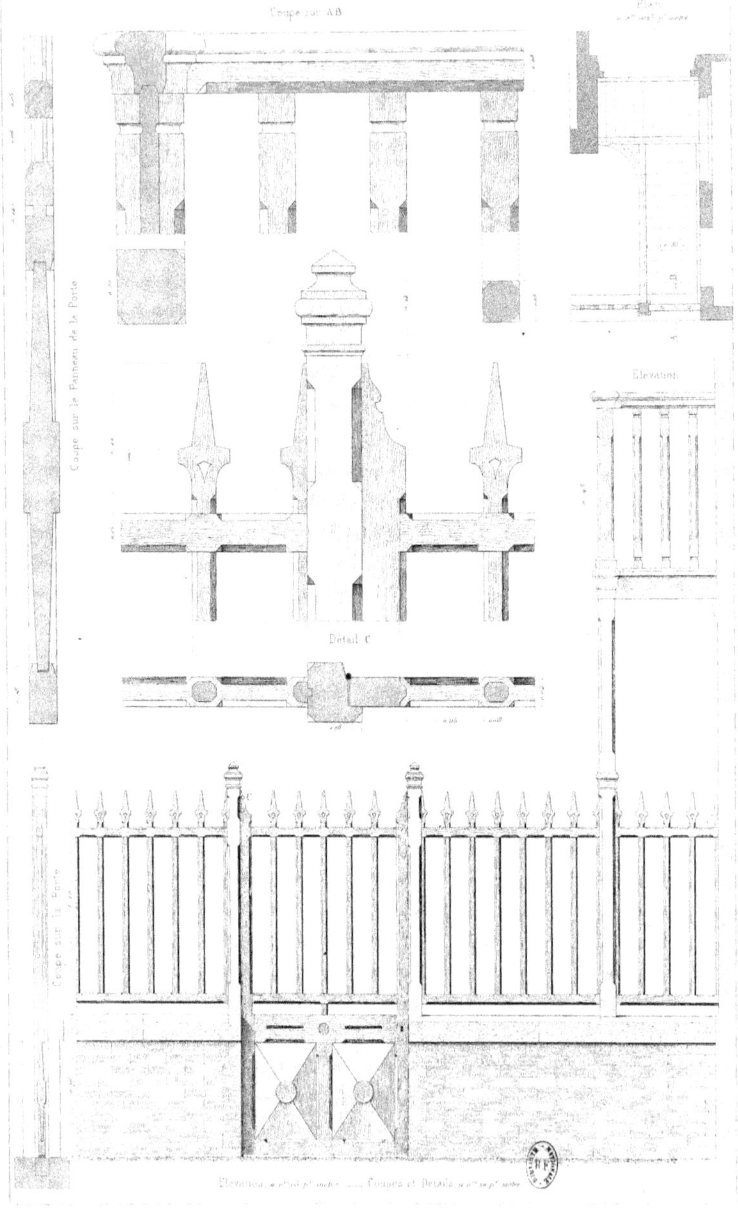

Coupe sur AB

Plan

Coupe sur le Panneau de la Porte

Élévation

Détail C

Coupe sur la Porte

Élévation, échelle de 0,01 p. mètre — Coupes et Détails, échelle de 0,02 p. mètre

GALERIE ET CLOTURE EN BOIS

L'ARCHITECTURE PRIVÉE AU XIXme SIÈCLE

PAR Mr CÉSAR DALY, ARCHTE

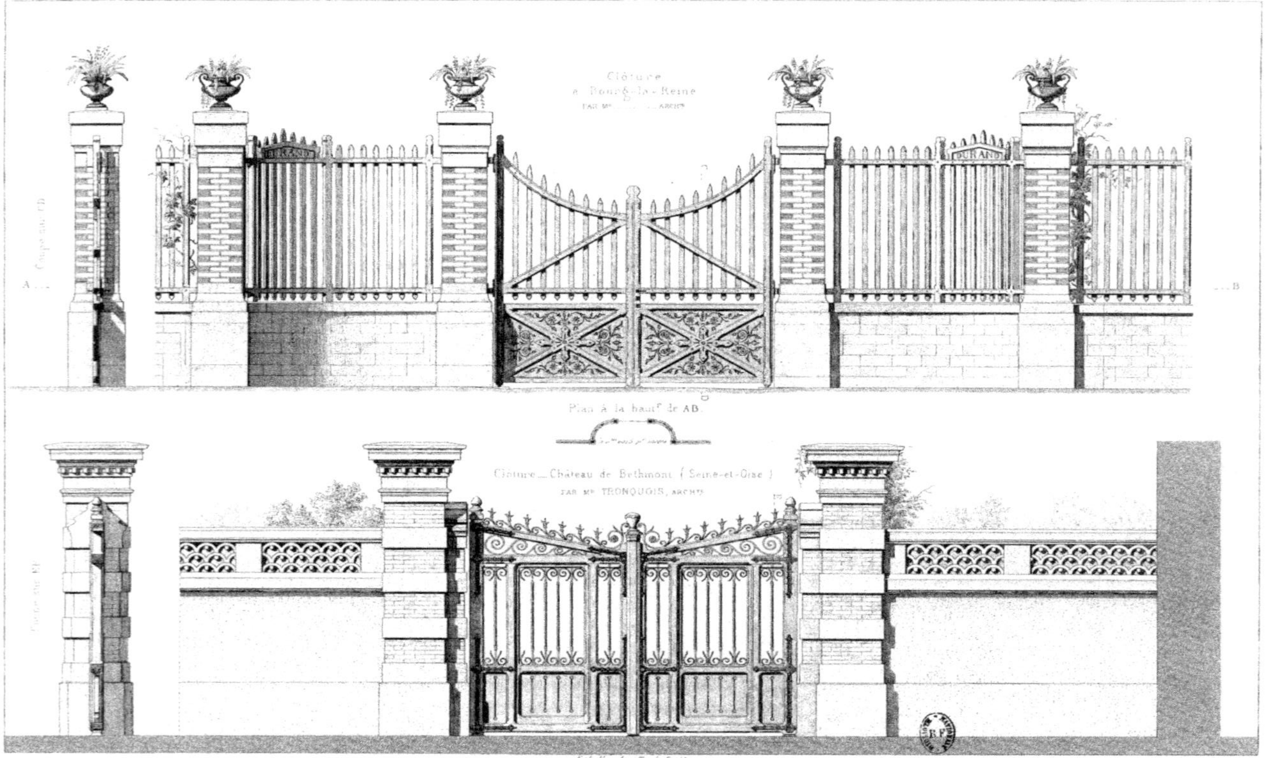
Clôture à Bourg-la-Reine
DURAND
DURAND
A
B
Plan à la haut.r de AB
Clôture _ Château de Bethmont (Seine-et-Oise)
PAR Mr TRONQUOIS, ARCHTE

CLÔTURES

Environs de Paris

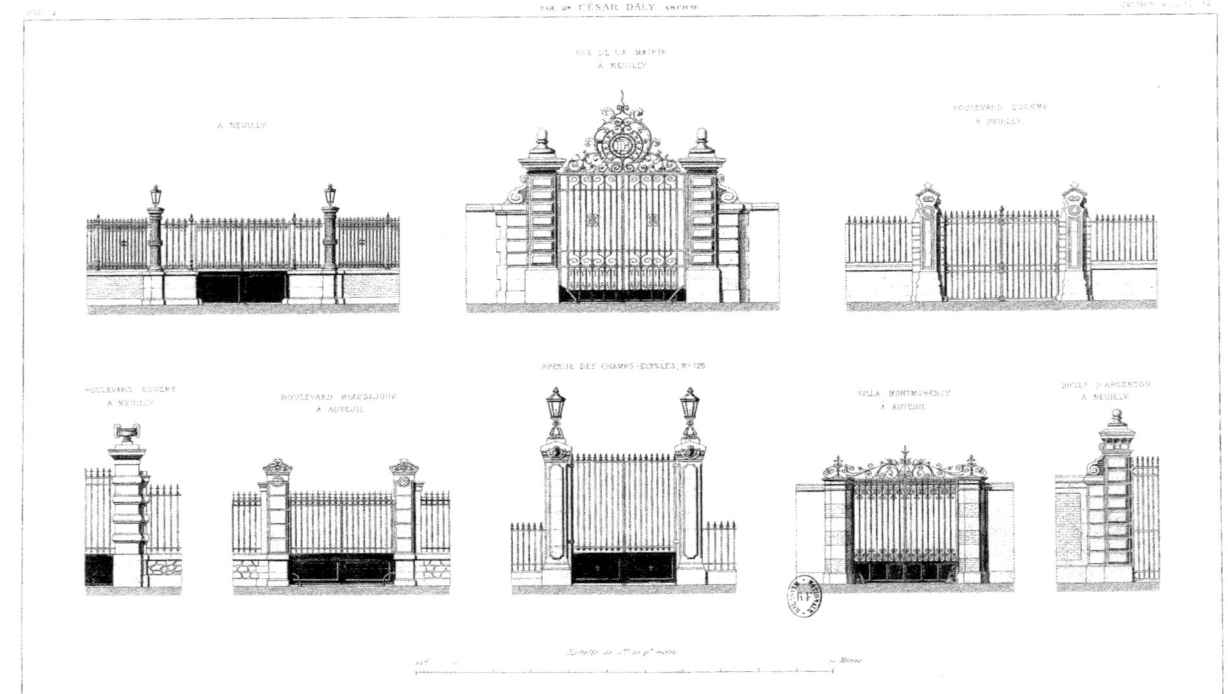

PARALLÈLE DE PORTES (DITES FLAMANDES), À PARIS

L'ARCHITECTURE PRIVÉE AU XIXᴹᴱ SIÈCLE

(Deuxième Série)

PAR Mʳ CÉSAR DALY, ARCHᵗᵉ

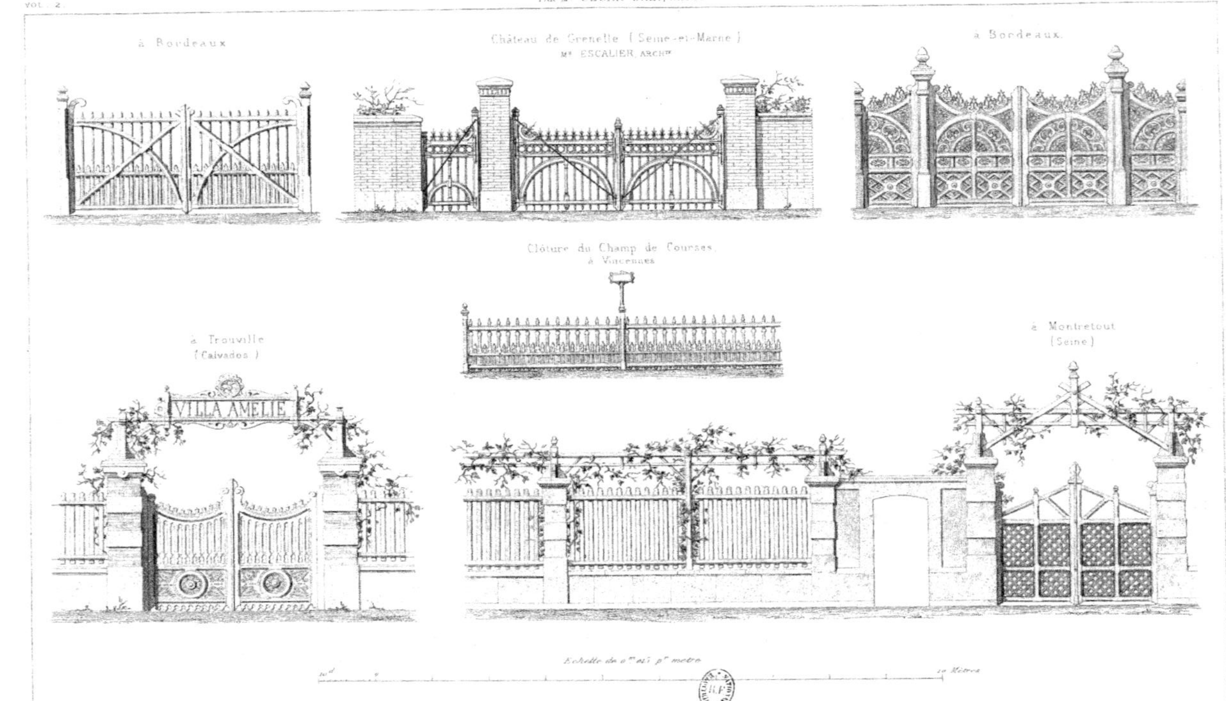

PARALLÈLE DE CLÔTURES EN BOIS

PAR Mʳ Mʳ WAASER ET BOUGLEUX, CONSTRUCTEURS, À PARIS